Centrados en el corazón

Sarah Blondin

Centrados en el corazón

Cómo mantenerte a ti mismo
y a los demás en el amor

EDICIONES OBELISCO

Si este libro le ha interesado y desea que le mantengamos informado de nuestras publicaciones, escríbanos indicándonos qué temas son de su interés (Astrología, Autoayuda, Ciencias Ocultas, Artes Marciales, Naturismo, Espiritualidad, Tradición…) y gustosamente le complaceremos.

Los editores no han comprobado la eficacia ni el resultado de las recetas, productos, fórmulas técnicas, ejercicios o similares contenidos en este libro. Instan a los lectores a consultar al médico o especialista de la salud ante cualquier duda que surja. No asumen, por lo tanto, responsabilidad alguna en cuanto a su utilización ni realizan asesoramiento al respecto.

Puede consultar nuestro catálogo en www.edicionesobelisco.com

Colección Nueva conciencia
CENTRADOS EN EL CORAZÓN
Sarah Blondin

1.ª edición: enero de 2022

Título original: *Heart Minded*

Traducción: *Verónica d'Ornellas*
Maquetación: *Marga Benavides*
Corrección: *TsEdi, Teleservicios Editoriales, S. L.*
Diseño de cubierta: *Enrique Iborra*

© 2020, Sarah Blondin
Título publicado por acuerdo con Sounds True Inc.
(Reservados todos los derechos)
© 2022, Ediciones Obelisco, S. L.
(Reservados los derechos para la presente edición)

Edita: Ediciones Obelisco, S. L.
Collita, 23-25 Pol. Ind. Molí de la Bastida
08191 Rubí - Barcelona - España
Tel. 93 309 85 25
E-mail: info@edicionesobelisco.com

ISBN: 978-84-9111-809-1
Depósito Legal: B-19.042-2021

Impreso en los talleres gráficos de Romanyà/Valls S. A.
Verdaguer, 1 - 08786 Capellades - Barcelona

Printed in Spain

A mi corazón.
Estoy escuchando.

Y a mi querido Derrick,
mi testigo y mi apoyo.
Con amor y gratitud.

En el momento en que te separaste de tu corazón, en el momento en que te cerraste, guardaste silencio, te alejaste, te apartaste, repudiaste y perdiste de vista la bondad; en el preciso instante en que empezaste a separarte del amor, una parte de ti comenzó a hacer todo lo posible para hacerte regresar.

De la misma manera en que una madre que ha perdido a su hijo jamás se cansará de estar en la orilla del océano diciendo su nombre, enviando plegarias para su supervivencia, lanzando bendiciones en botellas al mar, tu corazón comenzó a hacer lo mismo una vez que estuviste a la deriva.

Nunca te perdiste, porque en el momento en que te separaste, tu corazón empezó a hacer todo lo posible para traerte de vuelta a casa.

UNA CARTA DEL UNIVERSO

El material de este libro puede activar o despertar sentimientos difíciles o de temor. Por favor, si sientes que corres peligro de hacerte daño o de hacer daño a otras personas, busca ayuda profesional. Asimismo, los consejos contenidos en este libro están basados en las experiencias y enseñanzas de la autora y no pretenden ser un sustituto de la atención médica. Si sientes una ansiedad intensa, por favor, busca ayuda profesional.

Introducción

Para las criaturas pequeñas como nosotros,
sólo el amor hace que la inmensidad
sea soportable.

C<small>ARL</small> S<small>AGAN</small>, *Contact*

Cuando nacemos, todos somos luz pura; nuestra vida misma es sustentada por el corazón palpitante que está ahí para guiarnos y orientarnos. Pero dado que la vida es imperfecta, en los primeros instantes de nuestra existencia descubrimos que las necesidades de nuestro corazón no siempre podían satisfacerse. El dolor y la tristeza comenzaron a acumularse en nuestro interior y, en nuestra desesperación por no sentirlo y por proteger nuestra naturaleza tierna, abandonamos el único lugar en nuestro interior que debía ser nuestro refugio. Dejamos huérfana a la parte de nosotros que fluye con la corriente de la vida misma.

Nos alejamos de nuestro tierno corazón y entramos en la mente, olvidándonos de regresar y cuidar de ese aspecto crucial y elemental de nuestro ser. Imagina quitarle un ala a una mariposa monarca y esperar que vuele en línea recta, o extraer el motor de un automóvil y esperar que funcione bien. Sabemos que ninguna de esas dos cosas es posible, y sin embargo esperamos poder funcionar adecuadamente sin el corazón, que es nuestro motor.

Sin un corazón que nos tranquilice, nos dé apoyo emocional y nos consuele, acabamos perdiéndonos en pensamientos atormentados y retorcidos acerca de quiénes somos, y sufrimos por la negación de nosotros mismos y por las agresivas críticas internas. Nunca satisfechos, rastreamos en el mundo exterior en busca de valía y significado. En definitiva, alejarnos de nuestro corazón fue un acto de violencia contra quienes somos. En efecto, nos arrancamos una de nuestras alas.

Las consecuencias de esto son inmensas, pues es una separación de nuestro centro vital, nuestra brújula y guía, nuestra conexión con la fuente. Cuando nos separamos del corazón, nos quedamos con un sentimiento persistente de conflicto. Nos sentimos como nómadas, deambulando por los campos del miedo y las carencias. Algo en nuestro interior se siente perdido, anestesiado, incapaz de encontrar su hogar, incapaz de descansar. Es posible que experimentemos pequeñas dosis de auténtica alegría y armonía, pero sabemos que hay algo que no funciona. Sabemos que hay más en la vida.

Conozco bien este sentimiento. He estado ahí: en ese lugar insensibilizado/perdido/temeroso/constreñido. Y he encontrado el camino de regreso. Mi esperanza es que este libro te abra a los magníficos poderes de tu corazón, ayudándote a redescubrir el aliento del amor en tu interior. Cuando aprendes a volver a abrirte a tu corazón y a vivir desde él, no puedes evitar enamorarte profundamente de la vida, de tu vida. Tus miedos se calman, tu cuerpo se relaja, dejas caer tus defensas y te abres, tu curiosidad se despierta y reconoces el regalo que supone ser el ser humano altamente sensible, vital y vivo que eres.

Si alguna vez te has preguntado por qué los momentos en que sientes que tienes el corazón abierto, que eres compasivo y generoso, son tan fugaces, por qué tu conexión con tu propio corazón parece dificultosa, este libro es para ti. Si tienes curiosidad por saber por qué te suele costar abrirte a los demás o por qué, en tu confusión, te alejas de ti mismo y de tu corazón, este libro es para ti.

Quiero que sepas que no estás solo. Recibo cientos de correos electrónicos de personas que han tomado mis cursos y han hecho mis meditaciones, y todas ellas expresan un profundo dolor por haberse desconectado de sus corazones. Anhelan poder mantenerse, y mantener a los demás, en el amor. Después de haber estudiado los caminos del corazón durante muchos años, creo que puedo orientarte para que regreses a ese lugar de amor inquebrantable y sin reservas.

Mi primer recuerdo de alejamiento de mi corazón se remonta a cuando tenía cinco años de edad. Recuerdo que decidí que mi cama era el único lugar seguro para mí. No tenía palabras para describir el dolor que percibía en las personas de mi entorno y me sentía muy sola. Me sentía constantemente abrumada y alarmada. En mi inocencia e ingenuidad, concluí que si continuaba estando abierta a ese dolor, moriría. Y decidí ser impenetrable.

Cada vez que salía de mi habitación, me blindaba. Decidía no sentir nada, o al menos tratar de ignorar lo que estaba sintiendo. Me parecía que ir por la vida de esta manera era más seguro.

Así es como comienza el gran abandono de nosotros mismos. En algún momento, algo nos pareció demasiado grande para ser sentido y demasiado aterrador para ser asimilado, y en nuestra inocencia decidimos alejarnos de nuestro núcleo profundamente sensible y de nuestro corazón. Éramos como niños perdidos sin una madre, sin un lugar seguro en el que estar.

Yo era fundamentalmente una niña sana, feliz y bien adaptada. Pero mi conflicto, como la mayoría de los conflictos, era interno, en el nivel psicológico y emocional. No lograba librarme jamás de la sensación de que algo faltaba, de que *a mí* me faltaba algo. Había un dolor sordo en el fondo de mi ser. Y a medida que iba haciéndome mayor, ese dolor se hacía cada vez más intenso, y la vida empezaba a parecerme cruel.

El enojo, la victimización y la rectitud eran mi pan de cada día. (Estos comportamientos son lo que ahora considero las señales más reveladoras de que la persona se ha distanciado de su corazón).

A los veintitantos años, solía despertar cada mañana sintiéndome llena de desesperación y desesperanza. Pasaba muchas tardes acostada sobre el frío suelo de cemento de mi apartamento, llorando con una tristeza del alma que no sabía cómo contener. Entonces no me daba cuenta de que, detrás de ese dolor, había un corazón que me estaba llamando hacia mí misma.

Todo lo que intentaba emprender me parecía vacío y sin sentido. En aquella época, estaba trabajando como actriz y, después de los subidones por haber conseguido un trabajo, me venía abajo, sintiéndome aún más insatisfecha. Como muchas personas, dependía del mundo exterior para confirmar mi valía y para satisfacer mis necesidades, y no me daba cuenta de que, en esa búsqueda de amor y validación en el exterior, me distanciaba cada vez más de mí misma y cada vez más perdida.

Naturalmente, empecé a sentirme irritada, exhausta y sumamente desanimada. Detrás de la fachada de tener una vida afortunada y abundante, me sentía ansiosa e insatisfecha. Ese sufrimiento adquirió la forma de enojo y depresión, una soledad agobiante y desolación.

Pasé varios años en ese lugar de reactividad e ira antes de darme cuenta de que había un río de amor puro en mi interior. No necesitaba la validación del exterior; necesitaba conectar con mi corazón. Dado que nada estaba funcionando para mí en el «mundo real», en el mundo exterior tuve que empezar a buscar en otra parte. Tenía que conectar con el mundo invisible del espíritu.

Cada tarde, cuando sentía que me invadía la tristeza, en lugar de ahogarme en ella, rezaba en silencio y después me aquietaba. Cuando creaba espacio alrededor de mi dolor, sentía que una ola poderosa me llevaba hacia mí misma. Con el tiempo, la voz de mi corazón comenzó a eclipsar a la voz de mi sufrimiento. Empecé a sentir requerimientos aparentemente fortuitos en forma de ideas e impulsos: «Habla con extraños. Pregúntales qué les hace felices. Medita. Explora tu interior». Y yo respondía a cada requerimiento, percibiendo el apremio y siendo disciplinada para escuchar al misterio interior que me daba instrucciones.

Estaba regresando al hogar del que me había alejado muchos años atrás cuando era una niña pequeña y asustada. Lentamente, poco a poco, me fui acercando cada vez más a mi fuente de amor incondicional y divinidad: mi corazón. Mi dolor me empujó, hasta que una visión más grande, una visión guiada por el corazón, empezó a llamarme.

Al aprender a meditar, vi que mi agonía no estaba causada por nada externo a mí. A partir de ese momento, cuando aparecía la ira en mis pensamientos, seguía a la sensación de dolor y la encontraba en *mis* tejidos, en *mi* cuerpo, en la tensión alrededor de *mi* garganta. Lo que me estaba ahorcando no era algo fuera de mí, sino algo en mi interior. Todo ese dolor y esa tristeza con los que había estado viviendo resultaron ser de *mi* propiedad; la responsabilidad de cambiar recaía en mí.

Ése fue el comienzo de mi camino de autorrealización. Me decidí a acercarme y a prestar atención a mis pensamientos incómodos, a mis miedos y a las historias que me contaba a mí misma sobre el motivo por el cual me sentía así. Quería dejar de nadar contra la corriente de la vida y empezar a vivir.

Gradualmente, los gritos internos cesaron. El enojo se calmó. Me hice amiga íntima de los sentimientos que surgían en mí. Los observaba, los nombraba y los abrazaba como quien abraza a un niño asustado. Me sentaba y le prestaba atención a cada sentimiento y cada sensación, y observaba una y otra vez cómo mi atención amorosa hacía que dejaran de ser rígidos e inflexibles y se tornaran suaves y abiertos.

Este apacible proceso me enseñó que tenía una opción sagrada. Podía elegir cómo quería vivir. Podía elegir el amor o el dolor. Se trataba de prestar atención a mis aflicciones, no de evitarlas.

Mi vida también se volvió menos turbia y menos densa. Liberé toda esa energía que estaba utilizando en el enojo y la victimización, y la utilicé para impulsarme hacia una mayor alegría y libertad. Observé con asombro cómo mi realidad externa se transformaba para ajustarse a la nueva frecuencia de amor que estaba generando. Ahora que ya no hacía responsables de mi bienestar a las personas y a las circunstancias, empecé a madurar y a convertirme en una mujer más dulce.

Me he dado cuenta de que todos ansiamos tener este tipo de maestría. Lo que deseamos, lo que anhelamos conocer, es nuestro propio amor. Ansiamos tener una mente amorosa, anular a la mente hiperactiva y su instinto protector para poder sentir y experimentar, florecer y crecer, descansar y recibir.

En su libro *Upstream: Selected Essays*, la poetisa Mary Oliver escribió: «La atención es el principio de la adoración». Sé que esto es verdad. Al prestar atención a mi cuerpo, mi mente y mi espíritu, me enamoré de mí misma, de la totalidad de mi ser, y me dediqué por completo a desenterrar la sabiduría de mi corazón. Ese período de mi vida fue la rendija que empezaba a abrirse, la dulzura en la lengua que hacía que intentara descubrir más cosas. Hasta el día de hoy, mi corazón continúa abriéndose cada vez más, imbuyéndome de más amor. El desarrollo de este viaje guiado por el corazón continúa en los capítulos que vendrán a continuación.

Cada uno de nosotros tiene sus propias razones para cerrar su corazón y ocultar las partes de sí mismo de las que se siente avergonzado. Ocultamos nuestras heridas y vulnerabilidades en las profundidades de nuestro ser y convertimos a nuestros cuerpos en campos de batalla. Enterramos y alejamos todas las formas de ser y de sentir que percibimos que son «inaceptables» (o que nos dicen explícitamente que lo son) y creamos una brecha entre la persona que presentamos al mundo y lo que realmente está ocurriendo en nuestro interior. Todo lo que ocultamos y suprimimos desvía la energía que podríamos estar utilizando para crear una vida hermosa, y nos bloquea el acceso a la alegría y la abundancia, reduciendo y debilitando la luz de nuestro ser.

Si continuamos desatendiendo a esta maraña interna de pensamientos y sentimientos degradados, generamos una falta de amor y de serenidad en nuestro interior. Los fragmentos se acumulan y se acopian, distanciándonos de la fuerza que debía guiarnos y orientarnos en la vida: el corazón. A través de este proceso de disonancia y desconexión, entramos en el ámbito de los semidespiertos y caemos en estado de sufrimiento aletargado, lleno de confusión, de inexplicable desesperanza, de ansiedad y de angustia existencial. Empujamos las cosas lejos de nosotros con la esperanza de enterrarlas, pero eso nunca funciona. Nos endurecemos, pero el sufrimiento continúa.

Para descubrir el lenguaje y el mensaje de nuestro corazón, tenemos que tomarnos el tiempo para mirar en lo más profundo de nuestro interior. Debemos decidir excavar, buscar las partes sensibles de nosotros mismos que hemos abandonado y ocultado. Debemos intentar darle la bienvenida a las partes escindidas y huérfanas. En esta recuperación de las partes abandonadas es donde comienza la creación del alma profunda y hermosa.

Nuestro corazón alberga la esencia de la vida y de la fuente. Es el manantial de la divinidad en nuestro interior, y cuando nos alineemos con él, cuando lo despertemos y reconectemos con él, desterrará y sanará, perdonará y deshará, y reconciliará y liberará todas las relaciones y los recuerdos dolorosos. Nuestro corazón es la fuente de inspiración para propagar y avivar el amor y la bondad en el mundo. Incluso diría que si cada uno de nosotros eligiera vivir en armonía con su corazón, el mundo no podría evitar encontrar la paz. La tierra florecería. ¿Cómo podría no hacerlo?

Es posible que en el pasado hayamos tenido muy buenos motivos para resguardar nuestro corazón; teníamos que protegernos para que no nos hicieran más daño. Pero desde la base de la consciencia, no hay ninguna buena razón para continuar haciéndolo. No nacemos así. Tuvimos que aprender a cerrarnos y afortunadamente podemos desaprenderlo. Podemos aprender a abrirnos otra vez a la fuerza del amor y la alegría que reside en nuestro interior en cada momento de cada día.

Si quieres vivir una vida centrada en el corazón, la decisión es tuya. Hay que empezar tomando la decisión de dar un pequeño paso hacia ti, y no en la dirección contraria. Empieza soplando suavemente sobre las partes de ti que tienen heridas y cicatrices, como si fueran carbón ardiendo. Acarícialas con palabras de aliento. Envuélvelas en amor. Cuida de ellas de verdad. Debes persuadirlas de que salgan de la protección, y necesitan una balsa salvavidas a la que agarrarse mientras atraviesan las aguas turbulentas y agitadas de la oscuridad.

Lo más importante es que *tú* necesitas un estímulo amable, suave y constante para fortalecer tu determinación de mantener tu corazón abierto, especialmente cuando tus instintos de protección están activados. Este libro contiene prácticas que harán exactamente eso. Puedes leer el libro de principio a fin, o puedes abrirlo en cualquier capítulo y empezar a leer. Cada capítulo está diseñado para ser una totalidad en sí mismo. Relájate y serénate mientras lees. Absorbe el contenido como si fuera por osmosis, con todo tu cuerpo, tu mente y tu corazón. Y no te limites a leerlo; vívelo. Entérate de lo que tu corazón quiere que sepas; encuentra tus antídotos a las barreras que hay alrededor de tu corazón. Practica. Usa este libro.

Bienvenido, querido lector. Bienvenido.

Algunas notas
y sugerencias antes
de continuar

Mientras lees *Centrados en el corazón*, notarás que está diseñado para ayudarte a reconocer cómo te separaste de tu corazón y cómo volver a conectar con él. El libro luego profundiza en cómo estar siempre centrados en el corazón en tus relaciones para que también puedas mantener a los demás en el amor. Cada capítulo explora una idea básica desde un punto de vista y un contexto nuevos, con prácticas que se sustentan recíprocamente. Mientras estés leyendo el libro, tu comprensión se ampliará. Lo he diseñado de esta manera para ayudarte a que vayas abriendo tu corazón poco a poco. Los pequeños cambios sutiles se irán sumando hasta crear grandes transformaciones en tu forma de sentir y experimentar la vida.

He de enfatizar que este libro no es para la «mente pensante». Está escrito para sortear a la mente y llegar al corazón. Por muy hermosa que sea la mente como instrumento, a menudo pasa por alto a la sabiduría del cuerpo y el corazón, y la arrolla. No podemos regresar al corazón a través de los pensamientos; tenemos que hacerlo sintiendo. Entonces, mantente alerta para asegurarte de que la mente no tome el control. Quizás empiece a acelerarse con preguntas, o quizás te des cuenta de que estás adelantándote en el libro para encontrar respuestas. Ésa es la mente tomando el poder. Para acallar al intelecto, simplemente respira hondo y vuelve a dejarte caer en tu interior, como una piedra que cae en el centro blando de tu corazón. Deja que todas las voces se alejen de tu atención. Vacíate y encontrarás el espacio sagrado de tu corazón.

He incluido meditaciones guiadas al final de cada capítulo para ayudarte a entrar en tu corazón. Están pensadas para que sean utilizadas repetidamente hasta que experimentes un cambio en tu consciencia y en la forma en que tu mente conecta con tu corazón. Estar centrado en el corazón es algo que surgirá de una forma natural si tú lo permites. Es importante que primero leas el capítulo y luego escuches las versiones de audio de las meditaciones, las cuales están disponibles en www.sarahblondin.com/heart-minded-meditations. El componente auditivo te ayudará a metabolizar el material desde el espacio del corazón.

Es posible que algunas de las meditaciones y las prácticas te parezcan simplistas o incluso clichés. Una voz en tu interior podría decirte que ya has oído todo eso antes. Te insto a que intentes aquietar esas voces de cinismo o sarcasmo. Esas voces son defensas; son la forma inteligente que tiene nuestra mente de protegernos del *sentimiento* y mantenernos alejados de nuestro corazón. Me avergüenza un poco lo elemental que pueden parecer algunas partes de este trabajo, pero sé que en mi propia vida, cuando ignoro esas críticas y esa interpretación y dejo que las palabras penetren, puedo sentir los cambios internos. Puedo sentir cómo me expando, sintiéndome libre de la carga de la preocupación y abriéndome a un espacio más amable y amoroso. De manera que te animo a que te abras a las palabras que voy a compartir contigo. Entra en tu cuerpo y deja que te muestre cómo se siente cuando lees este libro, cómo se siente cuando deja de razonar y de evaluar, y en lugar de eso empieza a reconocer a su propio corazón.

Te animo a que cuando comiences a trabajar con este libro, escribas un diario personal. Pasar por esta experiencia será como realizar un viaje interior, y escribir acerca de las cosas con las que te encuentras y lo que sientes será útil para lograr que los cambios permanezcan. No querrás dejar que las cosas que has comprendido, o los cambios, o los descubrimientos, se pasen de largo. Es posible que tengas un sentimiento de esperanza por primera vez, o por primera vez desde hace mucho tiempo. Es posible que experimentes una profunda sensación de conexión contigo mismo, o que recibas un mensaje de tu corazón. Si no registras la experiencia, especialmente si te parece poco importante o sutil, es posible que la olvides y que vuelvas a caer en los viejos patrones suprimidos. Llevar un diario te ayudará a mantenerte abierto y atento, y esto en sí mismo ayuda a entrenar a la mente a ser receptiva a las cosas que ocurren en el corazón.

No te preocupes por cómo lo expresas o si las palabras son perfectas y claras; lo único que importa es que empieces a abrirte a ti mismo sin juzgarte o censurarte. Sólo empieza.

La otra sugerencia que me gustaría hacerte es que saques tiempo para conectar con la naturaleza todos los días (sin la distracción de tu teléfono, o música, o cualquier otro dispositivo). Incluso si vives en medio de una gran ciudad, haz lo que esté a tu alcance. La intención de este trabajo es abrirnos a nuestros sentimientos y a nuestro corazón, y la naturaleza facilita esta apertura sin esfuerzo. No importa si apoyas tu mejilla contra la suave corteza de un álamo durante unos minutos, como si cuidas de tus plantas de interior, o colocas las palmas de tus manos sobre un tramo de césped, o haces rodar una piedra en tu mano, o te tumbas boca arriba bajo un cedro. Simplemente encuentra una manera de conectar de la forma más profunda y sincera que puedas con el mundo natural.

Hacer esto te ayudará a abrir tu corazón y aquietar tu mente. Hará que salgas de tu cabeza y entres en una perspectiva más amplia, más expansiva y armoniosa.

A lo largo del libro, encontrarás «Cartas del universo». Estas cartas llegaron a mí cuando este libro era tan sólo un susurro en mi corazón. Fluyeron rápida y consecutivamente en forma de una historia contada en el momento de tu nacimiento y diseñada para apoyarte en tu camino hacia la apertura. Sentí como si estuviera entrando en contacto con una voz superior, una voz de gran sabiduría y orientación, y sentí que debía compartirlo de alguna manera.

Ahora sé que ésa es la voz del corazón (no de mi corazón, sino del corazón del mundo) y es accesible para cada uno de nosotros. Cuando estoy suficientemente abierta para recibirla, es como si una frecuencia compasiva y amorosa estuviera trabajando a través de mí, y experimento una inmediata sensación de sanación y liberación. Mi deseo es compartir esta resonancia contigo para que tú también puedas experimentar ese bienestar y ese apoyo.

Y por último, me gustaría explicar lo que quiero decir cuando uso el término *sufrimiento*. Muchas personas encuentran que es una palabra con mucha carga y se echan atrás. Si tienes esa respuesta, si descubres que estás pensando *No estoy sufriendo, mi vida es plena y buena* o *No tengo nada de qué quejarme*, te pido que hagas sitio para esa posibilidad. Trata de permitir que la palabra se aplique. Nadie está exento del sufrimiento. Es ese dolor que en ocasiones sentimos cuando estamos solos al final del día. Es ese lugar difícil de no saber cuál quieres que sea tu contribución al mundo, o tener en tus brazos a tu bebé recién nacido, llena de sentimientos de amor y sobrecogimiento, pero también preocupándote por su seguridad. Es esa respiración superficial, la incapacidad de abrazar la simplicidad y la soledad. Es ese agarrarse o aferrarse y no saber cómo soltar a algo o a alguien. Es nuestra preocupación y nuestro miedo. Trabajar en exceso y tratar de asir el futuro. Esto está presente en nosotros todos los días de nuestra vida, de maneras sutiles y no tan sutiles.

Negar tu sufrimiento, incluso si se trata tan sólo de una pequeña puntada en el corazón, te niega la capacidad de consolar y abordar las cosas difíciles por las que todos pasamos y que todos sentimos, impide tu sanación y te mantiene alejado de tu corazón. Admitir el dolor y el sufrimiento no es algo por lo que haya que ser aprensivo. Abraza tu humanidad.

Si deseamos sanar el hecho de habernos alejado de nuestro corazón, no debemos tener miedo de entrar en contacto con nuestra vulnerabilidad o inseguridad, o de admitir que estamos sufriendo. Esto es lo que ayuda a que el corazón se sienta confiado.

Debo advertirte que este camino no es para aquellos que sólo quieren sentir alegría y hablar de ella. Es para aquellos que están dispuestos a caminar por el fango que te ha mantenido alejado de esa alegría. Es un camino para cualquiera que anhele levantar el velo y ver con profunda curiosidad lo que hay debajo, para aquellas personas que no tienen miedo de afrontar todos los aspectos de su experiencia. Es para los valientes, para aquellos que anhelan reclamar su libertad y su integridad.

PARTE 1

AMAR LA ACEPTACIÓN

Difícilmente, avanzando milímetros por año, me hago un camino entre la roca. Desde hace milenios, mis dientes se gastan y mis uñas se rompen para llegar allá, al otro lado, a la luz y el aire libre. Y ahora que mis manos sangran y mis dientes tiemblan, inseguros, en una cavidad rajada por la sed y el polvo, me detengo y contemplo mi obra: he pasado la segunda parte de mi vida rompiendo las piedras, perforando las murallas, taladrando las puertas y apartando los obstáculos que interpuse entre la luz y yo durante la primera parte de mi vida.

OCTAVIO PAZ, ¿ÁGUILA O SOL?

Para poder armonizar con nuestros corazones, tenemos que reclamar y recuperar nuestras sensibilidades. En la parte 1, nuestro objetivo es hacer exactamente eso. Te ayudaré a superar ciertas defensas, ciertos conflictos y problemas que están impidiéndote estar centrado en el corazón. Te guiaré a través de unas prácticas específicas para ayudarte a superar esos obstáculos. Las prácticas son sencillas, apacibles y profundamente amorosas. Poco a poco, empezarás a poner en marcha un poderoso despliegue mientras aprendes a vivir desde la generosa claridad de tu corazón.

1

Una presentación del corazón

Ya sabes lo que se siente al estar en tu corazón. Aunque es posible que te sientas desconectado de él y que en ocasiones dudes de ti, una parte muy primordial de tu ser sabe exactamente qué es estar en el asiento de tu corazón. Sin importar cuándo llevaste a cabo la separación y empezaste a vivir desde tu cabeza, tú sabes lo que es estar en tu corazón. Lo sabes. Es una sensación; no es algo fácil de describir o poner en palabras. Entonces, te voy a pedir que reflexiones por un momento: ¿Qué es lo que sabes acerca de lo que se *siente* al llegar a tu corazón? Despierta tu curiosidad. Ábrete y escucha a tu interior en busca de respuestas.

El corazón sigue estando muy vivo y despierto dentro de nosotros. Y a menudo, lo único que tenemos que hacer para despertarlo es quedarnos quietos y en silencio, y él hará el resto. Cuando llevamos la atención hacia nuestro interior y nos concentramos en nuestro corazón, éste nos calma y nos tranquiliza, generalmente en un instante.

Y con ello se produce una relajación de nuestro cuerpo. Bajamos la guardia. Sentimos la renovación de la confianza en nosotros mismos y en los demás, y el desarrollo de nuestro camino.

El miedo comienza a desvanecerse. Nos tornamos más abiertos y serenos. Los pensamientos se amortiguan y empezamos a *sentir*. Ya no nos preocupamos por los problemas y tenemos una sensación de tranquilidad. Se abre un espacio en nuestro interior. Las soluciones a los desafíos a los que podemos estar enfrentándonos empiezan a revelarse sin mayor esfuerzo; entramos en una armonía con nosotros mismos y con nuestra vida.

Esto puede parecer demasiado bueno para ser verdad, pero es exactamente lo que ocurre cuando lo invitamos y lo permitimos.

Cuando vivimos en el corazón, despertamos a nuestra vitalidad. Llegamos espontáneamente como un rayo al momento presente, y todos los argumentos contra nosotros mismos y contra la vida se silencian. La bondad se abre paso a través del caos de nuestro mundo interior y sentimos que nos ilumina una luz que no teníamos idea que estaba dentro de nosotros.

En cualquier momento, no importa dónde estés, no importa lo que estés haciendo, puedes entrar en contacto con ese lugar dentro de ti y activar los beneficios del espacio del corazón.

Es así de simple. Se trata de hacer una transición y entrar en ese lugar de amor y aceptación, permitiéndote ser infundido con la gracia.

Si miramos en nuestro interior, la mayoría de nosotros podemos identificar una visión, una imagen de la persona que queremos llegar a ser, una versión mejorada de nosotros mismos, algo así como un Tú 2.0. Esta imagen suele ser más amable, más amorosa, más abierta, más comprensiva, más inspirada y más creativa; y con frecuencia es menos cohibida y más valiente. Esta versión no sucumbe al miedo, a la ira o a las dificultades y se eleva por encima de todo con gracia y serenidad. Esta visión que tenemos en nuestra mente es la que considero que es la mejor representación de nuestro ser centrado en el corazón. Es la llamada de nuestro corazón.

Desafortunadamente, el problema con esta imagen es que tendemos a usarla incorrectamente. A menudo se convierte en algo que utilizamos para menospreciarnos, en lugar de hacerlo para inspirarnos. Medimos quiénes somos en relación con ese yo imaginario y sentimos el fracaso y la incompetencia, cuando deberíamos estar agradecidos por tener esa visión de un yo más amoroso y capaz.

Cuando vemos esa versión como nuestro potencial en lugar de verla como un recordatorio de nuestros defectos, podemos usarla como un camino (o una herramienta) que nos ayude a avanzar hacia nuestra luz. Podemos utilizarla para inspirarnos y motivarnos a hacer elecciones que nos acerquen más a la encarnación y la personificación de esa ideación. Con cada elección que hagamos guiados por el corazón, nos acercamos más a nuestra visión idealizada, estamos cada vez más centrados en el corazón.

La mente desatada continuará intentando interponerse en el camino de nuestro yo centrado en el corazón. Dado que a la mente le interesa fundamentalmente mantenernos a salvo, seguirá tratando de impedir que hagamos elecciones que nos abran al mundo, de modo que tenemos que seguir ignorándola, tenemos que continuar eligiendo al corazón.

Como dijo tan bellamente uno de mis oyentes: «Todos estamos conectados y somos capaces de hacer cosas increíbles cuando simplemente dejamos que esa conexión, ese amor, fluya; cuando aprendemos lo importante que es pensar con el corazón». Y como dice Bob Marley en *Redemption Song* citando al gran Marcus Garvey: «Emancípate de la esclavitud mental; sólo nosotros podemos liberar a nuestras mentes».

Ya es hora de que anulemos aquello que se interpone en nuestro camino y desbloqueemos aquello que está restringiendo el fluir de nuestra propia naturaleza.

2

Mente, te presento
al corazón

¿Cómo podemos soltar aquello a lo que nos
estamos aferrando si antes no buscamos la mano
que lo está agarrando con tanta fuerza?

¿Alguna vez te has percatado de que tienes dos personalidades claramente distintas y que tiendes a vacilar entre ellas?

Una es muy rígida y se preocupa por el resultado de todo. Se angustia y se inquieta, con una mirada generalmente desesperanzada. No descansa con facilidad, e incluso te mantiene despierto algunas noches. Actúa como un perro que persigue su cola. Da vueltas en círculos obsesivamente en torno a cualquier detalle y resultado incognoscible, persiguiendo las mismas cosas en un continuo patrón repetitivo. Su naturaleza es taimada, convincente y tiránica. Es febril e infundada. Siempre cambiando, transformándose y pasando de una historia o idea a otra. Ésa es tu mente desatada, la personalidad que adoptas cuando tu mente no está conectada a la brújula del corazón.

Para la mayoría de la gente, ésa es la personalidad dominante. Pero de vez en cuando, como por una intervención divina, el otro aspecto de ti evade la censura de la mente y toma alegremente el control de tu ser con su espíritu ilimitado y desinhibido. Esta personalidad no se preocupa. Su rostro suele estar alzado, mirando con asombro al cielo cambiante y a la inmensa luna, con los labios dibujando una ligera sonrisa. Es fluida y fluye, como si estuviera en un río de alegría sin fin. Actúa como el agua y refleja la luz. Te sientes boyante. Éste es tu yo centrado en el corazón, tu verdadero yo.

Dado que la mayoría de nosotros nos mudamos a nuestra mente hace mucho, mucho tiempo para proteger a nuestro corazón, ahora vivimos la mayor parte del tiempo en esa personalidad principal rígida y preocupada. Sin siquiera darnos cuenta, permitimos que nuestra mente se interponga entre nosotros y nuestra verdadera naturaleza. No tenemos una idea (consciente) de en qué medida nuestra mente está actuando como un bloque defensivo contra nuestro suave y tierno centro, tratando constantemente de encontrar maneras de mantenernos alejados de los sentimientos, el dolor y la tristeza. Pero el precio que estamos pagando es que también se nos impide acceder a la fuente.

Cada vez que nos sentimos vulnerables o sensibles, nuestra mente interviene, alejándonos de nuestros sentimientos. Incluso cuando estamos sintiendo alegría, la mente permanece en las fronteras, preocupándose, asegurándose de que nuestro placer no sea duradero. Hasta que seamos capaces de lidiar eficazmente con la forma en que nuestra mente responde a nuestros sentimientos y nuestras emociones, continuaremos en el ciclo de rechazar a nuestro corazón y nuestra libertad.

Este rechazo hacia el corazón se presenta de una forma distinta en cada persona. En algunos casos, puede significar que la persona se cierra completamente a sentir amor por cualquier otra, o se esconde detrás de pensamientos críticos que crean una barrera entre ella y el mundo. En otros casos, se manifiesta en forma de arranques de ira hiriente o convenciendo a la persona de que es incapaz de sentir y de amar. En mi caso, se reveló a través de patrones de depresión y pensamientos de desesperación. En lugar de afrontar mi dolor, volvía a sucumbir a la creencia de que era incapaz. Estas tendencias son síntomas de una mente que no está alineada con el corazón; son síntomas de estar estancado en una mente temerosa que repite los mismos pensamientos autocríticos.

Para poder estar centrados en el corazón, tenemos que lograr que el corazón y la mente estén en armonía y trabajen en colaboración. Para que esto ocurra, tenemos que entrenar a la mente para que no tema al corazón y no se cierre a él, sino que sirva al corazón e implemente sus deseos. Para hacer esto, debemos deshacer la asociación que hace la mente de los sentimientos del corazón con el dolor y el daño. En situaciones que normalmente harían que nos retiremos o contraataquemos, tenemos que permanecer conscientes de lo que está ocurriendo y decidir que vamos a ablandarnos e inclinarnos hacia el centro de nuestro corazón. Cada vez que practicamos esto, enviamos un nuevo mensaje a la mente que le indica que estamos a salvo, dispuestos y *deseosos* de vivir de esta forma más abierta y más sensible.

Con el tiempo, si estamos decididos a entrar en nuestro corazón, nuestra mente se volverá menos rígida en sus defensas contra los sentimientos y la vulnerabilidad, y gradualmente estaremos cada vez más centrados en el corazón.

Recuerda que no estamos intentando enfrentar al corazón y la mente; sólo estamos tratando de combinar sus aptitudes.

Quizás ayudaría que expresara cómo veo sus diferencias:

La mente se adhiere; el corazón suelta.

La mente opera desde el miedo y la desconfianza;
el corazón opera desde la fe y la serenidad.

La mente es frenética en su funcionamiento; el
corazón es lento, deliberado y sereno.

La mente es feliz y disfruta buscando y resolviendo
problemas; el corazón florece en la aceptación de todas
las cosas y no califica nada como «incorrecto» o «correcto».

Supongamos, por ejemplo, que estás teniendo un conflicto con un ser querido. Primero, tu mente se aferra al problema y empieza a recoger frenéticamente pruebas contra la otra persona. El miedo y la desconfianza recorren tu cuerpo. Lo que duele en tu interior es cubierto con enojo y reactividad. Creas un muro de defensa alrededor de ese dolor excluyendo a la otra persona o intentando castigarla. Nadie escucha a nadie.

El dolor no es resuelto y se empieza a abrir una brecha entre la persona a la que amas y tú. La mente se justifica en su actitud defensiva y los corazones de ambas partes son ignorados.

Pero supongamos que surge un conflicto entre tu ser querido y tú, y en lugar de reaccionar, decides calmarte. Dejas ir a esa parte de ti frenética, atemorizada, que necesita tener la razón, y respiras hondo. Llevas tu atención a tu corazón. Supongamos que te tranquilizas, te sientas delante de la otra persona y la miras a los ojos. Escuchas; permites que esa persona se haga oír. Supongamos que no defiendes nada; en lugar de eso, eliges sentir compasión y escuchar atentamente. No tratas de demostrar que la otra persona está equivocada, sino que, sinceramente, intentas comprenderla. Hablas de los sentimientos de tu corazón. Admites que estás sintiendo dolor, pero no la culpas; te ablandas y expresas tus necesidades.

¿Qué ocurre entonces?

Tu corazón toma el relevo. Tu mente, a su vez, empieza a conocer al corazón y a esforzarse por crear soluciones amorosas. Ambos se benefician y florecen. La relación se hace más fuerte y el amor más profundo.

O, como otro ejemplo, supongamos que te invade una oleada de ansiedad. Notas que tu mente empieza a acelerarse y a adherirse a pensamientos temerosos. Entonces la ansiedad se transforma en pánico, el cual recorre tu cuerpo y hace que sientas ganas de salir de él. Comienzas a buscar un escape, recurriendo a alguna forma de sustancia o distracción que pueda actuar como un bálsamo insensibilizador.

¿Qué es lo que acaba de ocurrir? Puesto que evadiste tu sufrimiento, sientes un ligero consuelo. Una parte de ti se mantiene protegida bajo la distracción, temerosa de la próxima vez que esto pueda ocurrir. El instinto de protección y defensa de tu mente ha sido confirmado.

Tu corazón ha sido desatendido y sigue sintiendo dolor.

Pero supongamos que te invade una oleada de ansiedad y, en lugar de buscar una ruta de escape, vas a una habitación tranquila para enfrentarte al sentimiento. Dejas ir la idea de que algo está mal y respondes como si lo que está ocurriendo estuviera muy *bien*. Sabes que alguna parte de ti está pidiendo a gritos tu amor y tu atención.

Supongamos que cierras los ojos y abres tu corazón al sentimiento. Creas espacio a su alrededor simplemente observando sus contornos sin resistencia. Sabes que el antídoto es el amor a uno mismo y la hospitalidad. La mente deja de alejarse del sufrimiento, lo cual crea espacio para que el corazón empiece a sanar y a calmar al cuerpo. Tu mente aprende una nueva ruta. Recibes el regalo de la valentía y la resiliencia.

La única diferencia entre estos escenarios fue una simple elección: seguir siendo un espectador mientras la mente continúa ignorando la llamada del cuerpo y el corazón o *actuar* de una forma que apoye el liderazgo desde el corazón, de manera que la mente pueda seguirlo.

Los dos pueden ser unos aliados maravillosos si lo permitimos.

Cuando nos centramos en el corazón, transformamos nuestra experiencia humana para que deje de ser algo que no está en nuestras manos y se convierta en algo que verdaderamente *lo está*. Empezamos a cultivar la alegría en lugar de toparnos casualmente con ella cuando estamos deseosos.

En cada momento, nuestro cuerpo nos está aconsejando para que hagamos elecciones que nos acerquen al amor. La sabiduría del corazón y el cuerpo está a nuestra disposición, siempre, si escuchamos y dejamos que nos guíe.

Entonces, tenemos que actuar desde el corazón. Parece sencillo, ¿no? Pero hay enormes barreras que no nos permiten hacerlo.

A lo largo de nuestra vida, hemos construido una gran resistencia a bajar la guardia. De hecho, es tan inmensa que ni siquiera la percibimos. O nos negamos a hacerlo.

Mi hijo de cuatro años me dijo en una ocasión: «Mamá, la paz nunca quiere ser la primera». Me estaba explicando su lucha interna para elegir a su corazón. Esta lucha interna está presente en cada uno de nosotros, y suele iniciarse a los dos años de edad. Nos cuesta estar en paz, elegir la paz, vivir en la paz del corazón. Elegir la paz requiere algo más que simplemente decirlo: tenemos que aprender lo que se *siente* al vivir de esa manera.

Pero para que eso pueda ocurrir, tenemos que atender las numerosas relaciones fracturadas y lesionadas que tenemos con nuestro cuerpo. Cuando sanamos la desarmonía interior, estamos libres para dejar ir nuestro sufrimiento y entrar por la puerta de nuestro ser auténtico y sereno. Cuando experimentamos lo bien que se siente esto, cada vez es más fácil elegirlo.

Iniciamos el proceso de sanación con una práctica a la que yo llamo *Mente, te presento al corazón*, la cual lleva a nuestro corazón y nuestra mente a la conciencia amorosa.

PRÁCTICA   Mente, te presento al corazón

Quiero que cierres los ojos un rato y entres en un estado de serena receptividad. Voy a guiarte a través de una pequeña plegaria hasta la mente. Incluso si tienes acceso al audio, te sugiero que te grabes leyendo esta práctica en voz alta o que simplemente la leas en voz alta. Quiero que escuches estas palabras como si fueran tuyas, dejando que penetren en tu ser.

Ahora, coloca una mano sobre tu corazón y la otra sobre tu frente; esto crea un puente entre tu corazón y tu mente.

Querida mente, me inclino ante ti y honro tus grandes poderes y el incansable trabajo que realizas para mí. Eres parte de mí y te quiero. Pero deseo que no continúes buscando las cosas que me hacen daño y que nos hacen daño. Tenemos que dejar de repetir aquello que no nos sirve. Elijo entrar en mi corazón sin defensas y sin miedo.

Mente, cuando empieces a producir pensamientos que sofoquen la alegría, te pido que te detengas y te alces como una fortaleza de amor para mí, repitiendo, no la historia negativa de autoprotección, sino el mantra de que *amor es lo único que necesito, soy y deseo*. Por favor, alinéate siempre conmigo en la sensibilidad de mi ser, en la suavidad del conocimiento profundo de mi corazón.

Por favor, no busques mi dolor con la esperanza de erradicarlo; en lugar de eso, toma lo que duele y haz que deje de girar en su órbita. Tú eres mi aliada, mi amiga.

Te quiero, mente. Estamos aquí para ayudarnos mutuamente y así es como puedes servirme mejor. Por favor, y gracias.

Ahora, coloca las dos manos sobre tu corazón. Quiero que dejes atrás a tu mente ahora. Puedes hacerlo dejando ir todos tus pensamientos por un momento. Deja ir incluso a tu personalidad, tu identidad como madre, o padre, o hijo, o hija. Deja aquello de lo que estás orgulloso/a, aquello que no puedes olvidar, que no dejas de revivir. Déjalo ahora. Puedes soltar todas esas cosas. Entra en el espacio vacío, sagrado, que está aquí, delante de ti. Inclina ligeramente la cabeza, como si estuvieras haciéndole una reverencia a tu corazón, e inclínate suavemente hacia tu centro del corazón. Permítete descansar profundamente en esta posición de entrega. Siente cómo tu corazón se abre más con cada momento que pasas con él. Dale espacio para el movimiento. Deja que te abrace. Fíjate en que, aunque pueden estar ocurriendo muchas cosas en tu vida, también tienes este refugio del corazón. Siempre listo y siempre dispuesto a abrazarte y apoyarte. Este corazón tuyo quiere ser generoso contigo.

Ahora, escucha este mensaje de tu corazón:

Deseo recordarte que estoy a tu servicio. Puedes dejar lo pesado y venir a mí cuando te sientas asustado/a, perdido/a o necesitado/a de amor. Estoy a tu entera disposición y responderé a tu llamada. Por favor, no te esfuerces tanto por protegerme, porque nada puede romperme. Esfuérzate por ablandar los muros que has construido a mi alrededor y yo te llenaré de recompensas y consuelo. Cualquier cosa que necesites, te la daré. No hay ninguna guerra que debas librar; no hay nada de lo que huir, porque mi regalo para ti es aliviar esas cosas, aligerar tu carga. Por eso estoy aquí; éste es mi servicio y mi regalo para ti.

Esto es lo que tu corazón anhela que sepas. Si se lo permites, si lo invitas, y si te abres paso a través del miedo y la resistencia que están delante de ti, tu propio corazón poderoso y amoroso te sustentará.

Reconoce que tu corazón, tu mente y tu espíritu están respirando en este momento como un sistema armonioso. Comprende cuál es tu papel como creador/a. Tú, por tu propia autoridad consciente, puedes llevar a tu cuerpo a la unidad.

Ahora abre los ojos; observa cualquier destello de alivio que empiece a brillar dentro de ti, con las brasas calientes en tu interior. Siente tus ojos completamente abiertos y el alivio de darte cuenta de tu influencia. Regocíjate, porque estás regresando a tu hogar.

3

Despertar a la gracia

Habrá mapas en las yemas de cada uno de tus dedos.

Tu corazón latirá como un tambor, detrás de las costillas de tu pecho. La vida se moverá como la respiración, entrando y saliendo de tus pulmones, subiendo y bajando como las mareas del océano. Una luz brilla para ti, en lo más alto, tanto en las épocas luminosas como en las de gran oscuridad. Esa misma luz está en tu interior, en tu centro.

Nacerás y adoptarás una forma, pero en algún momento en tu vida te cerrarás y te contraerás. Para poder vivir una vida con sentido, tendrás que aprender a abrirte otra vez. No será un proceso fácil. Encuentra agua y cielo. Túmbate a menudo boca arriba, con la espalda contra la tierra; ella siempre te apoyará, sin importar lo que esté ocurriendo a tu alrededor. Elige el amor y cosas que produzcan oleadas de calidez en tu interior. Esto ablandará cualquier cosa que se haya endurecido y restaurará todos los sistemas para que funcionen en su plena capacidad.

Mientras haces esto, todo te parecerá inconcebiblemente vasto. Confía en la bondad que hay en la mirada de las personas, en el sonido del aire que pasa por tus pulmones, y en el ir y venir de las mareas. Estas cosas te ayudarán a conectar con la verdad, a arraigarte al lugar del que viniste, tu esencia y la tierra.

Recuerda esto: en caso de duda, ábrete.

Abrirte es extender ampliamente aquello que quiere esconderse, separar los tejidos que se han tensado y han languidecido, volver a entrar en tu corazón. Abrirte es enfrentarte a la sombra que pide ser devuelta a la luz. Lleva todo lo que te está haciendo daño a la luz de la conciencia amorosa, porque ver es sanar. Cuanto más tiempo te resistas a la verdad, más tiempo tardarás en saborear el dulce néctar de la vida.

Y por último, no te preocupes. La preocupación es un peso del que debes liberarte. Es un peso que te impide recibir la gracia y te aleja de la siempre cambiante corriente de la vida.

Tu respiración y los latidos de tu corazón son tus anclas para volver a la verdad.

Sigue las instrucciones del viento y el clima: deja que las cosas lleguen y después deja que se calmen.

Éste es el ciclo y el círculo que es la vida. Permanece en la gracia. Permanece en el amor. Elige no endurecerte ante todas las cosas con las que te vas a encontrar; en lugar de eso, elige todo lo que hace que la vida florezca.

UNA CARTA DEL UNIVERSO

Sola, trabajo incesantemente,
en el cementerio de mi mente
hasta que una espada de luz,
una cuchilla de ala,
un canto de palabras,
me libera de mí misma
y me deja haciendo ondas
en el océano del corazón.

Ahora que hemos creado una relación entre nuestra mente y nuestro corazón, tenemos que empezar a sanar nuestra relación con la gracia. La gracia es una fuerza de apoyo invisible. Es lo que me salvó del miedo, la depresión y el autodesprecio que todos experimentamos debido a nuestro alejamiento inicial de nuestros corazones. Al concentrarme en la silenciosa presencia de la gracia mediante la práctica de la meditación, pude regresar a mí misma y a mi corazón. Afinar mi relación con la gracia fue lo que hizo que me sintiera suficientemente segura como para sanar.

Tenemos que esforzarnos por descubrir esa gracia nosotros mismos, porque no es algo que se enseñe.

Ojalá alguien me hubiera dicho que mi primer paso, el primer paso que todos debemos dar en la vida, tenía que ser hacia dentro; que lo más importante que podía aprender era a quedarme quieta y abrirme –abrirme a lo que estaba dentro de mí– y que el resto llegaría con facilidad a partir de ahí.

Cuando me sentía perdida y desesperada por recibir orientación y apoyo, ojalá alguien me hubiese dicho que lo que en realidad anhelaba era conocerme a mí misma, que ninguna otra cosa podría calmarme si antes no entraba en contacto con mi propia divinidad.

Aunque nadie me enseñó estas cosas, había una fuerza superior en acción. Algo me tendió la mano desde las profundidades de mi ser y me llevó hacia dentro. A ese algo lo llamo la *gracia*.

La gracia también se parecía al Sr. Bennet, mi maestro de octavo grado, cuya bondad daba calor a los fríos pasillos embaldosados del colegio, y cuyo amor por las palabras y los cuentos resonó tan profundamente en mí que hizo posible que pensara en una vida con sentido. La gracia se parecía a mi hijo de cuatro años diciéndome «Mami, ¿bailamos?» cuando estaba sumergida en la tristeza. Era el cuervo negro que volaba frente a mi ventana todos los días mientras me dedicaba a escribir este libro.

La gracia es una mano que se nos ofrece en medio de la densidad de nuestras vidas, de nuestro sufrimiento y nuestras luchas, y que borra la angustia de nuestra frente. Se disfraza de personas y de poesía, o aparece en estallidos de belleza que nos agarran desprevenidos.

La gracia no puede verse. Se siente. Es esa sensación de estar abrumados por la bondad. Llega como una gran ráfaga benevolente, dejándonos boquiabiertos ante la pura misericordia que nos trae.

Pero siento la gracia sobre todo como una fuerza profunda e inquebrantable que está en el centro de todas las cosas (de ti, de mí, del universo) y que siempre parece estar esforzándose por ayudar a levantarnos, sacarnos de nuestro letargo y llevarnos hacia algo más auténtico y significativo. La gracia opera incluso cuando estamos más desesperados, y lo hace muy suavemente, tratando de llevar nuestra mirada en otra dirección y a nuestra conciencia de vuelta a nuestro corazón. Yo no tuve que elegir esto; la elección fue hecha para mí, y es hecha para mí cada día de mi vida. La gracia trabaja incansablemente por amor y dedicación en el nombre de todos los seres vivos.

Con o sin nuestro consentimiento, la gracia siempre está en funcionamiento, empujándonos a explorar nuestro paisaje interior. Si seguimos la llamada de la gracia, descubrimos que debajo de los nudos y el ruido en nuestras vidas hay una presencia amorosa que no se ve afectada por lo que está ocurriendo en el exterior, una corriente universal que nos conduce a todos a un estado de aceptación y paz.

Me gusta imaginar ese lugar de aceptación y amor como nuestra raíz primaria. Nos muestra que, independientemente de las circunstancias, hay una fuerza de una excelencia y una inteligencia inimaginables que nos sostiene. Incluso en los estados de mayor abatimiento, no sólo nos sostiene, sino que también nos inspira, nos alienta, nos anima y nos muestra la verdad que subyace a todas las experiencias. No importa cuán grande sea nuestro dolor, hay una quietud y una fuerza profundamente amorosa que está intentando elevarnos por encima de él.

Hay muchos motivos por los cuales hemos llegado a olvidarnos de nuestra gracia central. En cuanto nacemos, empezamos a encontrarnos con cosas que nos atemorizan y nos empujan a volver a escondernos, haciendo que deseemos no haber dejado nunca la calidez del vientre de nuestra madre. En nuestros primeros minutos de vida, aprendemos que la persona que nos dio a luz y a la que estamos más apegados es capaz de mostrarnos amor y también desdén. Aprendemos que respirar significa que también podemos ahogarnos. Aprendemos que movernos en el cuerpo significa que también podemos sentir dolor en el cuerpo. Aprendemos que ver significa que nos enfrentaremos tanto a cosas bellas como a cosas duras.

Aunque la vida es inherentemente amable y trabaja para sostenernos, todos hemos tenido experiencias tempranas (y subsiguientes) que han hecho que creyéramos lo contrario, y luego han impedido que recordemos que el amor y la bondad están operando siempre en nuestro interior y a nuestro alrededor. Gradualmente y sin ser conscientes de ello, comenzamos a separarnos de nuestro corazón, que es nuestra fuente y nuestra verdadera naturaleza.

Hay varias maneras de reconocer el espacio que se extiende entre nuestra fuente y nosotros. Se presenta en muchas formas, sentimientos y emociones; frecuencias sutiles que sentimos en nuestro corazón y en nuestro cuerpo. La inercia, el miedo, la duda, la preocupación, el odio hacia uno mismo, la ansiedad, el pánico, la apatía, la desesperación y la desesperanza (esencialmente, cualquier cosa que cause una sensación de constricción dentro de ti y de tu campo de percepción) son manifestaciones de la separación entre nosotros y nuestra fuente. Estos sentimientos indican que hemos dejado de estar alineados con nuestra verdadera naturaleza. Son señales de que el yo que activamos minuto a minuto se ha distanciado del corazón.

La mayoría de las personas siente al menos una de esas emociones la mayor parte del tiempo. Hay unos pocos momentos en el día en los que nos sentimos libres de esos estados de separación. Pero cuando éramos pequeños en realidad no conocíamos otra cosa. Sin nadie que nos enseñara o nos animara a confiar en el misterio que es la vida, tomamos a ese inmenso y abrumador mundo que nos rodeaba y estaba en nuestro interior y lo convertimos en algo pequeño, compacto y manejable. Hicimos todo lo que pudimos para sentirnos seguros.

Sin que nos diéramos cuenta, esa misma estructura que construimos para sentirnos seguros nos *impedía* sentirnos seguros y abiertos en nuestra vida cotidiana. Irónico, ¿verdad? Las cosas que hacemos para sentirnos seguros y con control suelen ser las mismas cosas que hacen que nos sintamos amenazados y en peligro. Tomamos la fluidez y efervescencia natural de la fuerza vital y le pusimos una abrazadera, cerrándonos a la plenitud y al infinito potencial de la vida misma.

Dado que no nos enseñaron a recurrir a nuestra propia fuente de gracia y de paz, la mayoría de nosotros acabamos esperando en ese incómodamente contraído estado a que algo nos vuelva a abrir a la verdad. La gracia de la vida siempre encuentra una manera de conducirnos hasta la verdad, a menudo llevándonos de regreso a nuestro corazón y nuestro cuerpo mediante un accidente, o un colapso emocional o mental.

Sé lo difícil que puede parecer el hecho de que la gracia se disfrace de accidentes o desastres. Y, sin embargo, en ocasiones lo hace, no para causarte un daño, sino para ayudar a que te vuelvas a alinear con la verdad de quien realmente eres, con tu inmensa fuerza vital. Esto llega para ayudarte a liberarte de tu jaula.

A menudo escucharás a algunas personas decir que los momentos oscuros en sus vidas fueron portales que, aunque no fueron elegidos intencionalmente, acabaron abriéndolas a la fuente divina en su interior. Estas personas suelen contar que fueron esos momentos desagradables los que las llevaron a descubrir niveles más altos de confianza y amor por la vida. Una de las razones por las que escribí este libro fue para ofrecerte la oportunidad de descubrir esa confianza y ese amor sin todo el sufrimiento adicional. No es necesario que esperemos a sufrir una enfermedad, o la ruptura de una relación, u otro golpe intenso; podemos elegir regresar a la gracia *en cualquier momento*.

Podemos despertar a la gracia ahora y descubrir dentro de nuestro cuerpo un templo de respiro. Podemos elegir encontrarnos con nuestro cuerpo y nuestro corazón con una atención suave, abriendo así la puerta y descubriendo el cariñoso abrazo del universo.

He recibido uno de los ejemplos más bonitos de lo que es gracia en una carta que me envió una de mis oyentes. Ella vive en un pequeño pueblo de montaña de 2000 habitantes y me contó que recientemente la comunidad se había visto devastada por muchos suicidios, muertes prematuras y enfermedades graves. Tanto ella como una de sus mejores amigas habían perdido a cinco personas en el último año, y de forma colectiva la comunidad había visto recientemente al menos veinte fallecimientos.

Después de «haber sido llamadas por el espíritu a sustentar todo aquello que es sagrado y está vivo», estas dos mujeres crearon una compañía de danza de la comunidad. En un esfuerzo por ayudar a metabolizar el dolor por el que muchas personas estaban pasando después de esas muertes, ellas se volcaron en el proceso creativo de escribir una ofrenda de baile de duelo. Sintieron la profunda necesidad de hacer algo hermoso a partir del dolor y la pérdida.

Once mujeres se unieron y realizaron un baile de ofrenda para los espíritus que habían fallecido y para la comunidad. Tejieron con música y movimiento una pieza que yo escribí llamada «Aceptar los cambios» y crearon una velada de sanación.

«Bailamos, lloramos juntas, nos abrazamos y nuestra comunidad exhaló e inhaló colectivamente… vertimos miel dulce en las grietas de la caverna de la desolación», escribió.

Mi oyente expresó que el amor las había guiado hacia la oscuridad y el amor les había dado la fuerza para contener la desolación y el dolor de los que estaban sufriendo más. Gracias a que escucharon profundamente, fueron guiadas por la gracia, el amor y el corazón universal hacia un lugar de sanación profunda. Padecieron lo que nadie debería tener que padecer, pero salieron de eso siendo más sensibles y estando más disponibles para amar y para abrirse. La luz de la gracia hizo que se abrieran.

Este misterio que estamos viviendo nos está conduciendo a nuestros corazones. Estamos destinados a encarnar nuestra ternura, a vivir sin barricadas alrededor de nuestra ternura.

Si has leído esto hasta aquí, confío en que ya has comenzado a relajarte y a abrirte a tu vida divina. Estás cansado de vivir bajo el peso de tu espíritu restringido, y algo profundamente amoroso está intentando mostrarte a través del corazón el camino de salida.

Puedes ayudar a este proceso aprendiendo a relajar el cuerpo. Al crear un espacio para sentir tu dimensión física, puedes despertar tu cuerpo sensorial y entrar en contacto con esa paz que nos sostiene.

PRÁCTICA   Inclinarnos hacia la gracia

Ahora, cierra los ojos. Encuentra tu respiración. Deja que te conecte con tu esencia y con la fuerza vital. Deja que agite y abra un antiguo recuerdo de tu pertenencia.

Ahora, deja que todos los ruidos y las distracciones que hay a tu alrededor y en tu mente se alejen y se vayan desvaneciendo. Deja que todo se suavice en el espacio que te rodea. Deja que se convierta en algo borroso que está en el fondo.

Conecta otra vez con tu respiración y encuentra lo que permanece. Encuentra lo que sigue estando aquí contigo cuando todo el ruido ha cesado.

Éste es tu centro.

Aquí es donde llevamos la luz con la que nacemos y la luz en la que nos disolvemos. Aquí es donde estamos despiertos. Éste es tu hogar, donde toda la vida fructífera florece y vive, donde nada puede ser influido, tocado, empañado o dañado.

Quiero aprovechar este momento para decirte que estás aquí, en este momento, porque tu verdad más elevada, tu alma, está llevándote suavemente hacia tu propia luz.

Quiero decirte que lo estás haciendo muy bien, eligiendo lo que te proporciona más amor. Lo estás haciendo muy bien, prestando atención a lo que tu corazón te está pidiendo.

Ahora, lentamente, dirige tu atención hacia tu cuerpo con una conciencia amorosa.

Lleva tu mente hacia tu corazón. Concentra tu atención en su lugar físico en el cuerpo. Fíjate en si puedes sentir su corriente amorosa. Observa que su vibración es confiada y reconfortante. ¿Qué siente tu corazón y cómo es cuando está despierto, cuando tú estás despierto a él?

Observa cuándo reconoce tu atención al conectarte con él. Observa cómo se aviva y se vuelve más vibrante cuando le prestas atención. Observa cómo te está hablando, conectando contigo.

Observa cómo tu mente hace lo mismo cuando la visitas con la respiración y la conciencia. ¿Cómo es tu mente y cómo la sientes cuando está despierta, cuando tú estás despierto a ella? Con tu atención puesta en la mente, siente cómo se relaja, se expande y se aquieta. Observa cómo deja de esforzarse tanto por intentar resolver lo que tú percibes como problemas. Observa cómo cuando tú sueltas, ella también suelta.

Siente cuánta tensión se libera por el simple hecho de visitar estas dos partes de ti. Con la percepción consciente, tu cuerpo se relajará y volverá a su ritmo natural.

Suelta. Coloca tu cuerpo, como el pétalo de una rosa, en esta corriente de paz. Entrégate. Reconócete a ti mismo/a, no como tu historia, no como tu pasado, no como el ser que quieres llegar a ser, sino como este ser fluido y espacioso.

Has estado esforzándote mucho por llegar a algún lugar. Has estado mucho tiempo alejándote de esta fuente que está dentro de ti. Ahora puedes descansar. Es hora de que regreses a casa.

¿Te puedo preguntar qué fue lo que hizo que olvidaras la gracia? ¿Qué fue lo que hizo que dejaras de confiar?

¿Te puedo preguntar qué fue lo que hizo que olvidaras?

Solías saber muy bien que eras abrazado. Solías saber que la vida te estaba apoyando. Solías conocer la magia. ¿Qué hizo que lo olvidaras?

Ahora, me gustaría que cierres tu mano en un puño y la mantengas apretada. Así es cuando uno es duro. Observa cómo la sangre de tu mano no puede fluir adecuadamente porque está demasiado apretada y desalineada.

Si mantienes el puño cerrado durante el tiempo suficiente, tu mano perderá vitalidad, se entumecerá y no tendrá energía. Ahora, abre el puño lentamente. Sin ningún esfuerzo de tu parte, la sangre vuelve a fluir para suministrar energía amorosa y vida a tu mano. La fuente vuelve a fluir hacia ti. Sin esfuerzo, con facilidad y sin límite. Está llena de gracia.

Como puedes ver, no estás separado/a de esta fuente. Tú *eres* esta fuente. Siempre está ahí para servirte y apoyarte. Depende de ti decidir si te cerrarás por miedo y protección, o si dejarás que la vida cuide de ti de todas las maneras en que siempre lo ha hecho y siempre lo hará.

Cada parte de tu cuerpo se soltará si le prestas una atención amorosa. La energía de la gracia, que vive dentro de tu cuerpo, te hablará, pero no con palabras, sino con vibraciones tiernas y positivas. Te agradecerá que no te restrinjas y te mostrará que, sin importar cuánto luches y te contengas y te controles, la vida siempre está trabajando a tu favor. Hay una corriente vital que está viva de una forma constante y hermosa, y está debajo del peso que llevas. Te está pidiendo, está deseando y está lista para que confíes en tu experiencia, confíes en tu naturaleza intrínseca, confíes en tu instinto y confíes en el lenguaje benevolente de tu espíritu.

Hay una fuerza en tu interior que está sosteniéndote continuamente. Debemos confiar en esta fuerza tanto como confiamos en que nuestro pulmón va a respirar y nuestro corazón va a latir. La energía que cuida de nuestro cuerpo es la misma energía que cuida de nuestro espíritu. No hay ninguna separación. Recibimos apoyo tanto en el cuerpo como en el espíritu; somos sustentados tanto en los ámbitos externos como en nuestro cuerpo físico. Todo está a nuestro favor; todo está ocupándose de nuestras necesidades.

Vamos a llegar conocer esta energía de la gracia como la verdad. Vamos a llegar a conocer esto como el hogar. Vamos a llegar a conocer esto como el origen de la sanación y el terreno desde el que operamos mientras avanzamos por la vida. No hay nada más agradable de comprender y entender que la bondad que opera bajo todas las cosas, la bondad que opera dentro de ti, la bondad que es la vida.

Abre los ojos y, por favor, durante el transcurso del día, recuerda que todas las dudas y todos los miedos actúan como un puño cerrado, desconectándote de la fuente. Querido/a, siempre puedes inclinarte hacia la gracia. Se encuentra en tu aliento y siempre está contigo.

4

Recuperar
nuestra sensibilidad

Naciste con la piel fina, suave como la leche. Todavía estabas conectado a la luna y a la luz de las estrellas.

En las fibras de tu cuerpo hay un complejo sistema de sensibilidad. Este sistema está gobernado por el amor y la bondad. Por lo tanto, tú, como ser humano, eres gobernado por esas mismas virtudes.

Debido a este sistema, eres capaz de ver y percibir todas las transacciones incongruentes y transacciones hirientes entre las almas. Tu capacidad de sentir y ver esta discordia tiene la finalidad de sustentar toda vida humana. Tiene la finalidad de ayudarte a esforzarte por realizar acciones de amor y ayudar a sanar la aparente desarmonía que percibes.

Mientras aprendes a interpretar el lenguaje de tu cuerpo y las sensibilidades, esto te resultará perturbador y muy intenso. Te verás inundado por las frecuencias sutiles del dolor y verás a muchas personas que no viven alineadas con el amor y la bondad. Esto te resultará aterrador, porque el cordón umbilical de tu naturaleza intrínseca todavía está prácticamente intacto. Las personas a tu alrededor no son distintas; simplemente han olvidado su lengua materna y han experimentado una desconexión y una disonancia con sus cuerpos sensibles.

Todo esto ocurrió porque en nuestra cultura el hecho de sentir es visto como debilidad, vulnerabilidad y fragilidad.

En un intento por protegerte y evitar sentir el dolor y la desconexión del mundo y de los demás, también empezarás a cerrarte a tus sensibilidades innatas. Al no comprender tu mayor fortaleza, sufrirás una gran falta de autoestima, sentirás vergüenza y experimentarás una disonancia con tu verdad. Luego iniciarás una parte de tu viaje en la cual vacilarás entre tu naturaleza profundamente arraigada y el oscuro, adormecido y temeroso inconsciente.

Muy pocas personas sabrán cómo ayudarte a prestar atención a tus sensibilidades. Por lo tanto, debes tener mucho cuidado de no dejar que esas partes de ti se adormezcan o se oculten por demasiado tiempo a causa del miedo. Habrá indicios y señales que te ayudarán a honrar tu sabiduría innata: mantén los ojos y el corazón bien abiertos a todo aquello que enseñe e inspire amor y aceptación.

No te desanimes por el inevitable cierre de la parte más importante de ti. Puedes aprender a reabrirla si continúas exponiendo tus nervios y tu corazón al aire. No encierres estas cosas, porque ésa es la manera más segura de endurecer un alma que debería ser tierna.

Tus sensibilidades son tu mayor regalo. Mantenlas sin considerarlas sinónimos de fragilidad o debilidad. Si haces esto, ello evitará que te vuelvas insensible y te amarrará a tu modelo original.

UNA CARTA DEL UNIVERSO

El cuerpo lleva un antídoto
para las picaduras hinchadas,
para los golpes fuertes.
No tengas miedo
de beber
la medicina
de tu ser.

Mi hijo menor es sumamente sensible a los tonos de voz duros y a las voces o sonidos agresivos. Cuando tenía tan sólo unos meses de edad, lloraba como si estuviera gravemente herido cuando yo me sentía frustrada o mi energía viraba ligeramente hacia el enfado. Tenía que ser muy cuidadosa para no contrariar a su pequeño corazón, porque se sentía profundamente asustado. Pero soy humana y no siempre recordaba que debía ser cuidadosa. En ocasiones todavía olvido cómo ser suave y tierna con mi propia vida y con las de mis hijos.

Ahora que mi hijo ha crecido un poco y se ha acostumbrado a cómo son las cosas, cuando en ocasiones grito o me enfado lo maneja de otra manera. Ha desarrollado una tolerancia al dolor. Una tolerancia hacia la falta de amabilidad y los disgustos. Aunque esto parece algo natural, refleja el hecho de que cada uno de nosotros desarrolla un escudo para proteger su parte sensible del dolor y la tristeza que nos rodean. Todos aprendemos a nuestra manera a desensibilizarnos. Esta desensibilización es la forma en que empezamos a alejarnos de nuestros sentimientos y de nuestro corazón. En algún momento tuvimos que adecuarnos y adaptarnos al entorno en el que nacimos. Tuvimos que ignorar y acallar cómo nos sentíamos. Para poder acostumbrarnos al dolor, tuvimos que endurecernos y separarnos de nuestro corazón.

Pero así no éramos inicialmente, y no es lo que somos.

Tenemos que llevar nuestra conciencia a la reparación y la sanación de nuestras sensibilidades. Tenemos que desaprender nuestra desensibilización para poder volver a sentirnos completos y bien.

Hay mucho dolor de este mundo que acumulamos y llevamos en nuestros cuerpos. Y luego ese dolor sale de diferentes maneras y en distintas frecuencias. Eckhart Tolle, maestro espiritual y escritor, dice que cada uno de nosotros lleva en su interior un «cuerpo de dolor». Este «cuerpo» es una acumulación del dolor emocional que has experimentado, el cual deja un residuo de dolor que continúa viviendo en ti. Tolle explica que también podemos percibir el cuerpo de dolor de otras personas y, en algunos casos, nuestros padres incluso pueden transferirnos su dolor personal.

Creo que cuando era pequeña, yo podía sentir el cuerpo de dolor de cada persona. Pienso que todos somos conscientes de la discordia, el quebrantamiento y las contradicciones aparentes que nos asaltan cada día, que hacen que nos retiremos y nos cerremos al corazón porque es el responsable de que sintamos esas cosas. Ése era el dolor que yo podía sentir intensamente cuando era una niña pequeña. Ése era el dolor que me esforzaba tanto por no sentir. Para poder lidiar con ello, desarrollé una tolerancia al dolor a mi manera, de la misma manera en que lo está haciendo mi hijo menor ahora. Cuando me sentía abrumada o asustada, cantaba y bailaba en silencio, para mí, revoloteando por la habitación en un estado casi distraído. Estaba intentando girar hacia un mundo en el que no pudiera sentir el dolor de los demás. Pero sin saberlo o pretenderlo, esa disonancia, ese no querer sentir mis sentimientos, estaba forzando a mi corazón a dormirse. Fue entonces cuando empecé a vivir en lo que dolía en lugar de vivir en mi corazón.

Tengo muy pocos recuerdos de mis primeros años de vida, excepto un recuerdo general de sentir que iba a la deriva en un mar de dolor de las personas y la infeliz resaca del mundo que me rodeaba. Mi sensibilidad no podía ser examinada. Mi cuerpo traducía mi sensibilidad como enfermedad. En preescolar, a duras penas lograba pasar el día sin sentir la necesidad de irme a casa porque me sentía enferma. Ahora me doy cuenta de que ésa era mi forma de retirarme del mundo. Era un intento de consolar y calmar mi cuerpo agotado y excesivamente estimulado.

Mis padres estaban fuera de sí y no sabían cómo ayudarme. Nadie, incluida yo, sabía realmente qué me estaba ocurriendo. No podía encontrar las palabras para expresar mi lucha interna. Justo ahora soy capaz de descifrar e identificar lo que la versión más joven de mí estaba experimentando.

¿Por qué había tanto dolor y falta de amabilidad? ¿Por qué la gente decía una cosa y luego hacía otra? ¿Por qué todos vivían con tanto miedo? ¿Por qué se protegía mi corazón casi constantemente?

Las condiciones parecían poco saludables para el crecimiento de un brote tan tierno. Los médicos, poco preparados para interpretar el lenguaje del alma, me diagnosticaron una intolerancia a la lactosa con intestino irritable y me recetaron medicamentos con la esperanza de aliviar mi carga, pero sólo lograba consolarme escapando al revoloteo con cantos y bailes, o retirándome a la seguridad de mi dormitorio. Oculté mi brillante agudeza y mi naturaleza profundamente sensible.

Mi madre temía a mis arranques de «enfermedad». En su esfuerzo por contener y honrar mi agobio, hacía lo que supongo que su madre había hecho cuando ella expresaba su sintonización y su sensibilidad en su infancia: reaccionaba con enojo y frustración. Sin que ninguna de las dos lo pretendiera, su respuesta irritada me enseñó a tenerle miedo a lo que estaba sintiendo y a temerme a mí misma.

Cada vez que percibía dolor y crueldad en el mundo que me rodeaba, sentía que mi miedo aumentaba tremendamente. Con cada acierto intuitivo, empezaba a temerle cada vez más a lo que salía a la superficie. En lugar de atender a la situación y a mí misma desde el espacio compasivo de mi corazón, les daba la espalda, me alejaba y me cerraba. Como un sistema que se sobrecalienta, ardía con emociones no procesadas y obligaba a una parte muy importante de mí a insensibilizarse.

Cada vez que salía de mi cuerpo para poder hacer frente a estas cosas, abandonaba la sabiduría de mi propia sensibilidad, una sensibilidad que toda persona viva comparte. Como una flor que no recibe ni agua ni sol, mi agudeza sensorial se debilitó y comenzó a marchitarse, mientras que mis músculos del miedo, el escepticismo y la desconfianza se hacían más fuertes.

Como humanos, tendemos a evitar aquello que no comprendemos. Tenemos miedo de lo que nos resulta ajeno e infranqueable, lo invisible e incognoscible. Tememos a nuestras sensibilidades porque no tenemos forma de descifrarlas y entenderlas. Cuando nos distanciamos de nosotros mismos y de la fuente, en nuestra disonancia, creamos ondas de desarmonía por todo el mundo y en nuestro propio cuerpo.

Pero no todo está perdido. Como hemos visto, podemos aprender a cultivar nuestra luminosidad, sintonizando con lo que es más necesario en cualquier situación dada. Si percibimos dolor o desarmonía, tenemos el poder de aportar compasión. En lugar de funcionar desde el miedo, podemos avanzar lentamente hacia la sanación. Podemos abrazarnos, abrazar al mundo y a cada persona desde la base de nuestro yo sabio e intuitivo.

En *The Collected Works of Mahatma Gandhi*, Gandhi expresó a la perfección este concepto cuando dijo: «No hacemos más que reflejar al mundo. Todas las tendencias presentes en el mundo exterior se encuentran en el mundo de nuestro cuerpo. Si pudiéramos cambiarnos a nosotros mismos, las tendencias en el mundo también cambiarían. Cuando un hombre cambia su propia naturaleza, la actitud del mundo hacia él cambia también. Éste es el divino misterio supremo. Es algo maravilloso y es la fuente de nuestra felicidad. No tenemos que esperar a ver qué hacen los demás».

Ciertamente, cuando era pequeña no tenía las palabras que tengo ahora, ni la comprensión, pero cuando recuerdo a esa niña enferma y asustada, veo que estaba buscando a alguien que la guiara y la tomara de la mano en el mar de sufrimiento del mundo, alguien que la ayudara a mantener y cultivar su sensibilidad. Estaba buscando a alguien que le mostrara que si sus sentimientos provenían de una base de amor, podían ayudar a crear un mundo diferente.

El mundo hubiese sido un lugar distinto para mí si alguien me hubiera explicado la confusión y la desazón que hay en el mundo en que nacemos; si me hubieran explicado que no estaba equivocada al sentir el dolor que ello produce, sino que estaba en lo cierto; que no era débil, que no estaba enferma. Estaba sintiendo el poder y la sabiduría que corrían por mis venas con ferocidad tratando de producir la sanación.

Las cosas hubiesen sido muy distintas si alguien me hubiese dicho que la voz de orientación que estaba buscando era la voz de mi corazón; que podría enseñarme a respirar mientras sentía el desasosiego; que todo el poder, la autoridad y la compasión que necesitaba estaban dentro de mí.

En una ocasión me escribió un joven que, al igual que yo, en la mayor parte de su vida había padecido «dolencias desconocidas». Ahora se encontraba con una baja médica porque su cuerpo había «tenido suficiente por haber reprimido y no haber sido consciente del daño emocional que estaba experimentando».

Al no saber cómo procesar los traumas a los que se había enfrentado en su vida, este muchacho aprendió a ir a su interior y empezó a practicar la meditación. Con la ayuda de su médico y de mis meditaciones guiadas, fue capaz de atravesar su dolor y entrar en su corazón. «Cada día, lo afrontaba. Afrontar se convirtió en vivir. En un abrir y cerrar de ojos, regresé al trabajo». A través de la práctica de la sinceridad y del cuidado de sí mismo, volvió a encontrarse a él mismo y, sobre todo, aprendió «a amar otra vez».

Superó las enfermedades que habían sido producidas por lo que él denomina «mis años de desconexión». Superó la falta de serenidad en su cuerpo revertiendo su desensibilización. Encontró el bienestar aceptándose a sí mismo, en lugar de abandonarse. Dejó que su dolor lo condujera a su liberación.

Dado que llevo un tiempo viviendo en este mundo y he hablado con muchas personas que han experimentado un dolor similar a causa de la desconexión, sé que podemos hacer que nuestro organismo recupere el equilibrio mediante la reactivación de nuestra naturaleza sensible. Al reclamar nuestros poderes inherentes para ver el dolor y sentir empatía, podemos permanecer en el espacio del corazón cuando, de lo contrario, amenazaría con cerrarse. Podemos llegar a entender que *nosotros* somos el único apoyo que necesitamos.

Lo genial de todo esto es que en realidad nuestras sensibilidades nunca se fueron a ninguna parte. Forman parte de nosotros y siempre están operando. Nunca nos volvimos realmente insensibles porque nuestro cuerpo está hecho de verdad. La sintonización y la compasión son parte de nosotros, y nunca se pierden del todo ni son irrecuperables. Nuestra sensibilidad innata acompaña al dolor, esperando a que la escojamos, a que recordemos quiénes somos.

PRÁCTICA   La semilla de la ternura sensible

Ahora, cierra los ojos. Siente tu respiración, el murmullo de la energía en tu cuerpo. Desliza tus dedos sobre la palma de tu mano abierta. Empieza a despertar tu don de sentir, el sentido del tacto. Nota cómo te acerca al sentimiento de estar vivo.

Recuerda que estás destinado a habitar todos tus sentimientos, todo tu conocimiento, toda tu sabiduría. Permítete vivirlo; permite que todo tu ser reciba su aliento.

Colocando tu mano sobre tu corazón, repite estas palabras: *Te veo; te oigo; te amo.*

Con estas palabras, entramos en el territorio del corazón y hacemos que la luz de nuestra presencia ilumine aquello que con mayor frecuencia no hemos alimentado y hemos desatendido: nuestro amor por quienes somos.

No permitas que la vergüenza llegue con este descubrimiento, porque caer en la vergüenza es ser víctima de la voz del sabotaje, y eso te impedirá avanzar. Amor y compasión hacia ti mismo/a es lo que más necesitas hoy y siempre. No estabas equivocado/a por no amar o escuchar a tu corazón o a la sabiduría del cuerpo. Simplemente nadie te enseñó a hacerlo.

Éstas son algunas verdades que me gustaría recordarte:

Eres la tierra suave de la que brota nueva vida. Eres maleable; no eres una piedra, sino un suave pétalo. Eres cálido/a al tacto y eres amoroso/a, capaz de amar.

Eres sensible. Escuchas y percibes aquello que está más allá de la vista. Percibes lo que se dice entre otras personas, incluso sin palabras. Sientes el dolor de un corazón más allá de los gritos. Eres supremamente sensible.

Permíteme recordarte cuán profundamente eres capaz de sentir: el poder de sentimiento, en ocasiones sutil y en ocasiones agudo, es tu don. Es tu guía. Date permiso de sentir lo que está pidiendo ser sentido. Con tu conciencia amorosa, se disipará en lugar de alojarse.

No necesitas ser tan fuerte; es al suavizarte cuando encontrarás tu libertad. No te defiendas; en lugar de eso, aprende a permanecer en tu apertura.

Bajo todo ese miedo, esa insensibilidad, esa ira, esa evitación y ese temor; bajo todo el caos, la desconfianza, la desesperación, la inercia y el desdén; bajo cada uno de estos síntomas de desconexión, hay algo puro, algo que has estado protegiendo. Esto es esa semilla de tu yo sensible. Puedes llegar a ese yo puro con tu propia presencia.

Ahora, deja que una suave luz llegue a tu vientre oscuro y busque un nervio. Penetrando profundamente en el corazón y el estómago, busca una pequeña punzada, dolor o límite sensible. Si percibes incluso el más mínimo sentimiento de tristeza... Ésa es tu semilla. Eso es lo que ha sido abandonado. Si no surge nada, simplemente descansa en el espacio de tu corazón, con la intención de ablandarte.

Haz lo posible por no negarte este momento de auténtica intimidad. Debes estar disponible para ti y ser afectuoso/a contigo mismo/a. Hay una gran sanación en este reconocimiento de tu límite sensible y en conectar con él. Es mejor que te permitas sentir tu propio dolor. No puede haber un reencuentro con nuestro corazón si no sentimos todo lo que está ahí, si no lamentamos la desconexión que hemos sufrido.

A menudo nos sentimos agradecidos por el don de la vista, el don del oído, por ser capaces de saborear y de tocar. Pero ¿estamos agradecidos por ser capaces de sentir? ¿Estamos agradecidos por ese sentido?

No hace mucho tiempo, sabías cómo bailar cuando tu corazón deseaba hacerlo. No hace mucho tiempo, sabías cómo cantar cuando el cielo se abría y el sol te pedía que lo hicieras. No hace mucho tiempo, sabías cómo llorar cuando surgía el agua de tu interior. No hace mucho tiempo, eras tan sólo una semilla, feliz de que el viento te hiciera volar. No hace mucho tiempo, eras consciente de todos los sentidos de tu ser. No hace mucho tiempo, sabías cómo ser auténtico. Tal como eres. Recuerda cuando eras un pequeño brote que buscaba el sol. Cuando eras un bebé completamente abierto en los brazos del amor. Recuérdate a ti mismo/a.

Ahora, hablándole a aquello que se ha abierto y revelado, di:

No te olvidaré. No te abandonaré, mi dulce corazón. Me encontraré contigo a diario. Vendré a casa para cuidar amorosamente de mi semilla sensible. Estoy aquí ahora, consciente de ti y tú consciente de mí. No te olvidaré. Te quiero y estoy aquí.

Inspira receptividad y comunión. Permite que te alimenten. Siente cómo la luz abre todo aquello que se ha endurecido y se ha cerrado. Así es como nos abrimos sin miedo y con amor a una escucha y un amor más profundos. Recuerda esto: cuando eres duro/a, es simplemente que te has olvidado de cuidar de la semilla sensible de tu ternura.

Ahora, abre los ojos e intenta mantener esta ternura durante todo el día. Ten esa ternura en tu interior cuando estés con otras personas, cuando las reacciones y los muros se interpongan entre vosotros. Mantén esa ternura. Así es como despiertas tus poderes intuitivos de sanación; así es como te desarmarás y desarmarás la sensibilidad en los demás.

Trata de empezar cada día y terminar cada día con tu propio toque. Un reencuentro; una gratitud, un deleite exhausto en todo lo que tuviste la suerte de sentir, todo lo que apretó con su abrazo amoroso, todo ello. Por eso estás aquí; por eso estás aquí. Sé lo suficientemente suave y mantente suficientemente disponible para que puedas sentirlo.

5

Recuperar el cuerpo que siente

Cuando todavía no sabemos hablar, lloramos para expresar nuestro malestar. Si algo nos hace daño, nos asusta, nos abruma, o no es amable o amoroso, nuestro cuerpo crea una reacción que le indica a la persona que nos cuida que sentimos desazón y que necesitamos ayuda para recuperar la paz. Cuando nos hacemos más independientes, continuamos experimentando sentimientos abrumadores, pero rara vez se nos enseñan los pasos críticos para calmarnos a nosotros mismos o para trascender la desazón. En lugar de recibir ayuda para volver a la armonía, como ocurría (con suerte) cuando éramos bebés, lo más probable es que nos topemos con una reacción hiriente o desconcertante, como ser arrastrados a una habitación hasta que aprendamos a «controlarnos», o que reprimamos las emociones y los sentimientos que salieron a la superficie. Sin herramientas, sin una conversación, sin una explicación de lo que estaba ocurriendo, sin entender y sin tener un lenguaje que nos ayude a calmar nuestras inevitables tormentas.

Puesto que no sabían cómo hacerlo, nuestros padres no nos ayudaban a percibir la sabiduría de nuestros sentimientos (y sus padres probablemente hicieron lo mismo).

Con reacciones duras como ésa, no es de extrañar que la mayoría de nosotros intentara cortar el vínculo con la inteligencia de nuestros sentimientos. A través de esas experiencias de falta de cariño, aprendimos que la homeostasis requería que hiciéramos lo opuesto a lo que nuestros sentimientos *realmente* necesitaban. Aprendimos a cerrarnos en lugar de permanecer abiertos. Aprendimos a interiorizar en lugar de verbalizar; a ignorar en lugar de liberar; a avergonzar en lugar de traducir; a reprender en lugar de reconocer y nombrar; a evadir y abandonar en lugar de regresar al amor.

Debido a esta comprensión retrógrada, aprendimos que sentir era sinónimo de debilidad y que la vulnerabilidad era fragilidad. Como resultado de ello, nuestro cerebro no creó vías saludables que condujeran a niveles de consciencia más elevados. Aprendimos que expresar nuestros sentimientos equivalía a sufrir alienación y en ocasiones castigos, de manera que enseñamos a nuestra mente a responder contra cualquier otro «estallido» de sensibilidad. Cuando surgían sentimientos abrumadores, nos dividíamos en dos, diciéndole a nuestro cerebro que ignorara las señales de nuestro cuerpo emocional y de nuestro corazón. Como resultado de ello, nos sumergíamos en una inmensa cantidad de *pathos* no digerido y confusión sobre nosotros mismos. Creamos bucles cerrados de pensamientos, evitando precisamente las mismas cosas que hubiésemos tenido que examinar para poder elevarnos a un nivel superior. Empezamos a vivir con un gran miedo subconsciente a las relaciones, los sentimientos y la seguridad.

Cuando mi hijo de cuatro años se pelea con su hermano pequeño, normalmente lo llevo en brazos a su habitación mientras llora. Tengo que luchar contra mis reflejos para no encerrarlo hasta que se calme. En lugar de eso, me calmo, lo coloco boca arriba para que no pueda esconderse y enroscarse físicamente como él quiere, y respiramos juntos. Entramos en nuestros cuerpos, nos miramos a los ojos y nos mantenemos presentes lo mejor que podemos. Y cada vez que hacemos esto, lo primero que me dice, sin que yo lo aliente a hacerlo, es «Lo siento». Le respondo diciéndole sinceramente que yo también lo siento y nos abrazamos durante un rato antes de entrar en la parte de resolución de problemas de nuestra conversación.

Me estoy esforzando por enseñarle (y enseñarme) que cada uno de nosotros está hecho de amor. Cuando hacemos cosas que no surgen del amor, como pegarle o robarle o gritarle a otra persona, es porque hemos olvidado temporalmente quiénes somos. Nadie tiene la intención de enojarse o hacerle daño a otra persona. Todo puede ser perdonado si regresamos a nuestra verdad y a nuestro yo amoroso. Mi hijo sólo tiene cuatro años, pero me doy cuenta de que entiende este concepto. Veo que se siente aliviado con mi orientación y mi apoyo, por el hecho de que no lo encierro solo en su habitación para que intente comprender lo que ha ocurrido. Lo veo aliviado por haber regresado a su corazón.

Si dejara a mi hijo solo, como reconozco que lo he hecho en ocasiones, él se enroscaría físicamente como una bola y cerraría sus sentimientos, su corazón y sus emociones, y los ocultaría. Su dolor se endurecería dentro de él y comenzaría a inmovilizar su pequeño cuerpo. Los «tiempos muertos» que acostumbramos a dar a nuestros hijos cuando están estancados en alguna forma de desazón serían mucho mejores si los utilizáramos como un «tiempo dentro». Un rato en el cual fuéramos a nuestro interior los dos juntos para intentar deshacer la confusión y suavizar los rincones de resistencia para no levantar tantos muros. Un rato en el cual viéramos que no hay peligro en el vivir y el amar.

Sé que si no dedico un tiempo a hablar con él para que los dos calmemos nuestra parte reactiva, el crecimiento de ambos se atrofiaría.

Cuando respondemos con miedo y furia, cerramos la puerta al camino que conduce a más amor y compasión.

Esperamos que tanto nuestros hijos como nosotros mismos seamos células de luz equilibradas y sanas, pero ¿cómo podemos serlo cuando continuamos ignorando nuestras sensibilidades y perpetuando la desarmonía entre mente, cuerpo y corazón? ¿Cómo podemos ser células de luz sanas si estamos continuamente censurando lo que sentimos?

6

Cómo volver a sentir

El «complejo sistema de sensibilidad» mencionado en la Carta al Universo que da inicio al capítulo 4 es nuestra brújula innata que está fijada en el amor y la bondad. En el esfuerzo de nuestro cuerpo por sanar la desarmonía que hay en nosotros o en aquello a lo que nos enfrentamos, el corazón habla y traduce nuestras experiencias irradiando por todo el cuerpo unas frecuencias y vibraciones que afirman la vida, o atenazándose y contrayéndose. A esas frecuencias las llamamos *sentimientos*.

Cuando no estamos alineados con nuestro corazón, creamos sensaciones molestas en el cuerpo. Ésa es la forma en que nuestra inteligencia sensible habla. Ese estado de malestar no se alivia hasta que reconocemos todo lo que estamos sintiendo y luego le damos amor. Si no entendemos este principio, podemos desviarnos mucho hacia el lado oscuro de nuestros cuerpos sensibles y nos identificamos con lo que duele en nuestro interior. Si no somos conscientes de que esas sensaciones y esos sentimientos necesitan nuestra atención compasiva para que nuestro cuerpo pueda reanudar su funcionamiento saludable, nos fusionamos con el cuerpo de dolor y entramos en un inmenso sufrimiento.

En el caso de mi experiencia con mi hijo, hasta que aprendí a calmarnos a ambos, momentáneamente nos distanciábamos del origen, del amor y de la bondad. Nuestros cuerpos reaccionaban con sensaciones desagradables de ira para señalar nuestro descontento y entonces tuvimos que elegir: o continuábamos eligiendo cosas que hacían que siguiéramos identificándonos con el dolor, gritando y cerrando puertas, *o* respondíamos conscientemente al dolor causado por los sentimientos dolorosos que irrumpían en nuestro interior.

Al calmarnos y honrar cada malentendido, encontramos el camino de regreso a nuestros corazones, al perdón y al amor.

Cuando nos alineamos con nuestras sensibilidades, podemos usar esos lugares de conflicto y esos sentimientos de dolor, no para entrar más profundamente en el sentimiento, sino como una llamada para regresar a la verdad. Cuando miramos en nuestro interior para reconocer los sentimientos que están haciendo que nos alejemos y nos cerremos y les damos un espacio para que se expresen, entonces podemos retornar a la paz con mayor facilidad.

Después de toda una vida ignorando nuestro dolor, la mayoría de nosotros ha desarrollado unos surcos profundos, pero si empezamos a hacer frente a nuestros problemas cuando nos golpean (no después, sino en ese momento), podemos evitar esas rutinas y encontrar caminos más tranquilos.

Para que esto funcione es necesaria una vulnerabilidad sostenida. Si no nos permitimos ser suaves y estar abiertos, nada puede fluir o avanzar. La vulnerabilidad sostenida es la práctica continua de permanecer frente a las cosas que hacen que queramos retirarnos.

Si mantienes la convicción de llegar a estar centrado en el corazón, encontrarás maneras de desengancharte del dolor y entrar en un campo de aceptación y amor en tu interior. Aprenderás a llevarte a un claro abierto y clarificar aquello que quiere tomar represalias contra el amor. Elegirás dejar que tu sensibilidad te conduzca a la libertad.

Éstas no son decisiones que otra persona pueda tomar por ti. Son elecciones de las que nadie te habló al principio de tu vida y son el motivo por el cual acabaste alejándote tanto de la fuente. Si eliges vivir centrado en el corazón, el miedo y el dolor no desaparecerán, pero tendrás los medios para dejar que fluyan, en lugar de que fluyan hacia ti. Ya no tendrán la oportunidad de ser alojados o contenidos en tu interior.

PRÁCTICA   Te está permitido

«Te está permitido». Nadie nos dijo esto. El miedo llegaba, el malestar estallaba, se rompían cosas, nosotros nos rompíamos, sufríamos y gritábamos angustiados al mundo que nos rodeaba. Cuando sentíamos el dolor más profundo, nadie nos decía que se nos estaba permitido simplemente sentir todo eso. En lugar de eso, nos enseñaron a ocultarnos, a negarnos y a abandonarnos a nosotros mismos, a condenar el dolor en lugar de consolarlo. Ignorábamos nuestros sentimientos y dificultábamos el proceso de sanación innato de nuestro cuerpo. Nadie sabía cómo hacerlo mejor.

Pero ahora sabemos que nuestros cuerpos están aquí para hablarnos. En nuestro malestar, nuestros cuerpos nos piden atención amorosa, no abandono. Entonces, trabajemos para permitir que la inteligencia de nuestros sentimientos tenga el lugar que le corresponde en nuestro cuerpo. Tenemos que darnos permiso para descongelar nuestras emociones que están congeladas y nuestra aparente fragilidad. Démosle a nuestra vulnerabilidad un trono y una voz. Recuperemos a nuestro ser, prestando atención a nuestras necesidades y encontrando la libertad para honrar a nuestro brillante y complejo sistema de sensibilidad.

Cierra los ojos y siente cómo tú cuerpo respira, siente que estás vivo/a. Busca la corriente de la gracia que corre por tu cuerpo.

Permítete entrar en esa gracia. Permítete ser uno con la gracia. Estando cada vez más disponible y receptivo para tu espíritu y tu corazón, y para ti mismo/a.

¿Puedes recordar cuándo dejaste de permitirte sentir? ¿Puedes recordar cuándo empezaste a arreglártelas en lugar de vivir? ¿Recuerdas qué fue lo que hizo que salieras del asiento de tu corazón?

¿Quién te dijo que no estaba bien ser tú mismo/a? ¿Quién te dijo que eso no te estaba permitido?

Ése fue un accidente. Toda esa negación de quienes realmente somos fue un accidente. Regresa a ti, a como eras en tu infancia, a como eras cuando no eras más que un nuevo brote de vida. Extiéndele la mano a ese/a niño/a sumamente vital y vibrante que eres. Ése/a eres tú antes de olvidar. Ése/a eres tú antes de abandonar tu hogar.

Pero no tienes que dejar atrás a ese yo. Extiende tu mano y tráete de vuelta a casa. Te está permitido ver, sentir, expresar, maravillarte, disfrutar, vivir sin resistencia. Te está permitido ser quien naciste para ser, ser como naciste.

Coloca las dos manos sobre tu corazón y empieza a abrirte a ti mismo/a, en este instante, y di estas palabras:

Estoy permitiendo que las grandes corrientes de mis sensibilidades sean parte de mí, que no estén separadas de mí. Estoy permitiendo que la gran sabiduría de mi quebrantamiento y mis sentimientos de desconexión me ayuden a guiarme y enseñarme a abrazar a mi corazón sensible. No le temeré al miedo interior, ni a las heridas y los recuerdos de sufrimiento. Permitiré que tengan su lugar y su voz.

Cuando el dolor llegue, escucharé. Haré espacio para ser el oído que mis heridas necesitan más. Escucharé para que mi aflicción tenga espacio para irse a través de la puerta de mi presencia.

Me está permitido existir de todas las formas en que necesite hacerlo, sin avergonzarme. Así es como me libero y dejo de reciclar mi dolor.

Cuando soltamos la resistencia y la vergüenza e iniciamos un diálogo con nuestros sentimientos, fortalecemos el músculo del corazón y desarrollamos una fuerte columna vertebral de compasión. Al cambiar nuestra perspectiva a una de tolerancia y aceptación, comenzamos gradualmente a albergar paz y amor en nuestro interior, los cuales luego se derraman sobre el mundo y las personas que nos rodean. Ése es el poder de la aceptación interior.

Por favor, acuérdate de ceder a las necesidades de expresión y sentimiento que llaman a la puerta de tu corazón. Cuando surja algo que exija tu atención, llévate la mano al corazón. Inclina suavemente la cabeza ante ello. Deja que todo llegue como quiera hacerlo. No es necesario que luchemos contra nosotros mismos; solamente tenemos que permitir y liberar.

Que se nos permita: no importa si pataleamos y gritamos, así es como anhelamos ser amados. Así es como aprendemos a amar primero a nuestro propio ser.

7

Darle un nombre

No hay mayor derrota
que un alma que se ha endurecido y cerrado
bajo el peso de lo poco amable,
el peso de lo que no se dice,
el peso de las falsedades,
encerrada dentro de ello
anhelando ser liberada.

Las personas suelen decir que no saben lo que sienten. No logran identificar sus sentimientos en el momento en el que los están experimentando y no tienen el vocabulario para expresar lo que están sintiendo. De la misma manera en que hemos cuidado muy poco nuestras sensibilidades, no tenemos prácticamente ningún lenguaje para utilizar cuando más lo necesitamos. Es esencial que nos esforcemos por ponerle un nombre a lo que estamos experimentando, porque cuanto más aprendamos a identificar los sentimientos que nos oprimen en nuestros cuerpos, mejor equipados estaremos para percibir el dolor antes de que se adhiera profundamente a nosotros. Al identificar un sentimiento, desarrollamos conciencia, y al ser conscientes, podemos elegir la libertad. Por este motivo, ahora vamos a dedicar un tiempo a sumergirnos en la práctica de poner nombre a los sentimientos desagradables a medida que van surgiendo.

¿Acaso no deseamos todos tener un nombre? ¿Acaso no queremos todos ser vistos, oídos, honrados y amados? ¿Acaso no queremos todos tener al menos la oportunidad de ser exonerados de la oscuridad y la sombra?

Todos conocemos estos estados tormentosos en nuestro interior: ese incómodo desasosiego en el cuerpo; los comportamientos adictivos como trabajar en exceso, comer demasiado, beber, comprar, juzgar y cotillear; demasiado tiempo frente a la pantalla; el discurso interno de maltrato y críticas; y los ataques de pánico y el miedo. Nuestro dolor está disfrazado en esos hábitos. Los comportamientos no son el problema; son nuestro intento de crear una solución para un sentimiento que no sabemos cómo contener y abordar.

Cuando estamos sufriendo, o escapando de nuestro sufrimiento al estar atrapados en cualquiera de los hábitos mencionados, estamos ignorando la llamada a la sanación. Estas tendencias enfermizas e incómodas empezarán a asfixiar a tu vida, y su agarre no se aflojará hasta que lo que ha estado velado sea desvelado, liberado, gritado y dicho en voz alta. Los sentimientos y recuerdos dolorosos surgen, no para entrar más profundamente en tu interior, sino para ser liberados. Están pidiendo su emancipación.

Así que recuerda que cada vez que te visite la desazón, en realidad te está preguntando: ¿Estás preparado para hablar, para ponerle un nombre a esa parte de ti y honrarla? ¿Estás preparado para abrazarte y amarte y, por lo tanto, ser restaurado?

No hay una manera «correcta» o «incorrecta» de aproximarte a tus sentimientos. Cuando surjan emociones o recuerdos difíciles, empieza por abrir la puerta y prestar atención. Los sentimientos se disfrazan de calor en el cuerpo, de aceleración del corazón, de dificultad para respirar, de retortijones en el estómago o, en ocasiones, de una sensación de constricción en la garganta. Cuando se presentan estas cosas, nuestra tarea consiste en observar y entrar en contacto con ellas de una forma atenta. Hazlo con curiosidad, interés, cariño y cuidado, pero sobre todo acéptalas y *siéntelas*. Si puedes, trata de darle un nombre a lo que está oculto dentro de la sensación. ¿Es ira? ¿Desilusión? Incluso puedes expresar oraciones enteras como *Nadie me escucha* o *Me siento perdido y confundido, vacío, inflexible, asustado.*

No hay una manera «correcta» de acercarte a tus sentimientos. Lo más importante es simplemente practicar hablarle al calor de tu experiencia y observarlo, no alejarte de él.

Hay una cosa de la que estoy segura: revivimos las cosas hasta que nos liberamos. Las revivimos hasta que el amor nos lleva de vuelta a la plenitud. No debemos aferrarnos al miedo y al dolor. Al principio, somos libres en el amor, y al final, regresaremos a ese amor. Sin embargo, lo que hagamos entretanto es decisión nuestra.

Una vez más, te recuerdo que es al prestar atención al nudo, al fuego, al sangrado, cuando empezamos a desprendernos del dolor que llevamos dentro.

Sé que estoy siendo invitada a sanar algo que está sufriendo dentro de mí cuando me doy cuenta de que intento escapar soñando despierta. Si las cosas han estado especialmente difíciles con mis dos pequeños, por ejemplo cuando me he enfadado con rapidez, suelo caer en el mismo bache de sentirme avergonzada por haber tenido un comportamiento poco amoroso. Entonces, en lugar de atender a mi vergüenza con amor, caigo en el hábito poco saludable de desear o soñar algo distinto.

Empiezo a fantasear sobre una vida sin niños, lo cual luego se convierte en un arrepentimiento doloroso de haber tenido hijos, y entonces, antes de que pueda darme cuenta, me encuentro hundida hasta el cuello en un lugar horrible, deseando tener una vida distinta y mejor en la que esta agonía no exista. Hago todo eso para evitar reconocer actos y sentimientos dolorosos. Creo un universo completamente alternativo con la esperanza de evadir a mi propio corazón y mi dolor, y esto sólo crea más dolor y desazón.

En cuanto hago daño y entro en el remolino del desprecio airado, la vida me presenta una invitación, la cual ignoro dejando de prestar atención a los gritos de mi cuerpo para recuperar la armonía. Entonces el dolor se hace más profundo y se aloja. Mi cuerpo responde con todo tipo de sentimientos desagradables para señalar mi desconexión del corazón, y yo soy arrastrada hacia el mundo de las tinieblas de mi ser, donde permanezco en la oscuridad hasta que recuerdo que debo expresar verbalmente los sentimientos que están fermentando en mi interior.

Si acepto las llamadas del espíritu y la sanación yendo a una habitación tranquila para sentarme, calmar mi cuerpo y mi respiración, colocar las manos sobre mi corazón y dejar que los sentimientos que están atrapados en mi interior salgan y sean nombrados, me recupero y sano.

Recuerdo la última vez que ocurrió esto. Noté que estaba empezando a caer en el arrepentimiento y el resentimiento, de modo que fui a una habitación tranquila y me enfrenté a mi dolor.

Le puse un nombre:

Vergüenza (pausa y reverencia)

Miedo (pausa y reverencia)

Arrepentimiento (pausa y reverencia)

Enojo, ira, vergüenza, estupidez, incapacidad de amar, desesperanza, carencia, odio...

Uno tras otro, los sentimientos, las palabras y las historias fueron saliendo de mi interior, cada uno de ellos extraído de la tormenta y colocado cuidadosamente sobre la costa de la conciencia como un pescado coleteando, que ya no está perdido en la borrasca de la tierra de las sombras. Extraje los nombres de cada voz frenética de mi profundidad inconsciente y dejé que cada uno de ellos recibiera amor. Lloré con cada reconocimiento. Lloré porque fue necesaria una increíble cantidad de vulnerabilidad para admitir aquello de lo que quería esconderme desesperadamente y una vulnerabilidad aún mayor para quererme mientras hurgaba para honrar mi valentía y, de alguna manera, acunar a mis problemas.

Después de unos minutos de atención cruda y vulnerable, un tranquilo silencio se apoderó de mí, como si un inquieto grupo de pájaros enjaulados hubiese sido liberado desde mi pecho. Y en ese espacio nuevo, planté semillas de amor e intención diciéndole una pequeña plegaria de gratitud a mi yo superior:

Gracias por ayudarme a estar aquí en este lugar de desafío y crecimiento. Por ayudarme a permanecer conmigo misma en este momento, mientras aprendo a sanar lo que se ha separado de mi corazón. Permíteme usar estas experiencias de sufrimientos y vergüenza para retornar a mi naturaleza amorosa y amable. Gracias por ayudarme a revertir el daño causado, con una firme presencia y compasión hacia las personas a las que amo, incluida yo. Gracias por ayudarme a elegir sanar, en lugar de escapar. Por ayudarme a permanecer conmigo misma, con mi ternura, en este estado abierto de receptividad y gracia.

Simplemente no se puede vivir sin este ciclo de tormenta. Es nuestro trabajo más profundo para alisar la superficie de nuestros tormentos internos. Es nuestro trabajo más profundo para comenzar a querernos por completo, incluso aquellas partes que evitamos, aquello que nos parece feo y deplorable. Esos lugares necesitan que les dejemos hablar y pasar para que no endurezcan la luz de nuestros ojos y no se alojen en las esquinas de nuestra mandíbula.

En lugar de volvernos gruesos y densos con los fuegos incontrolados, debemos aprender a ponerle nombre a cada columna de humo que nuble nuestro centro. Sacar todo lo que sentimos. Deja que la compasión se encuentre con la llama. Aquello que está caliente se enfriará. Aquello que está duro se ablandará una vez que lo hayas llevado al resplandeciente campo de la luz y la aceptación. Aquello que está impidiéndote amar te acercará al amor más que cualquier otra cosa.

Las dificultades y el sufrimiento siempre están presentes. Todavía no he conocido un día en el que no se nos haya ofrecido una de las dos cosas, y sé que esto le ocurre a la mayoría de la gente. Quizás llegue un día en que ya no aceptaremos su oferta, pero hasta entonces debemos elegir surfear esas olas, respetar nuestros momentos oscuros y celebrar nuestras victorias al elegir más amor. Debemos prometer que permaneceremos con nosotros mismos en todos los sentidos. No debemos negarle su llegada a nada.

En el acto de entregarnos suavemente a nuestros días y momentos de tristeza, aceptamos su súplica de sanación y aprendemos una forma de valentía. Y desde esa valentía tenemos acceso a más amor todavía.

En esta práctica de ser conscientes y observar nuestra desazón, todo dolor regresa al lugar donde se originó y a menudo no deja ningún rastro de haber estado aquí, excepto por el hecho de que nos deja un poco más de espacio alrededor del corazón, un poco más de amplitud en nuestra capacidad de amar, de dar, de estar con nuestra vida. De vez en cuando, el dolor llega, entra profundamente y luego se marcha, dejando libre un espacio que será llenado por la benevolencia y el amor, siempre y cuando los invitemos mediante nuestra conciencia amorosa.

Si somos sabios, nuestro sufrimiento puede ser utilizado como una llamada poderosa y serena a la apertura y la aceptación, porque en el otro lado de la aflicción hay un excedente de amor. Las dificultades no llegan para arrastrarnos a la desesperación, sino que llegan para inspirar el crecimiento y la aceptación en todas las direcciones, en todo tiempo y espacio. Nos enseñan a abrazar los momentos y abrazarnos a nosotros mismos sin resistencia, y al hacerlo nos muestra cómo revelar nuestro magnífico y valiente corazón.

Si en lugar de huir consolamos lo que nos resulta molesto, disolvemos nuestras tendencias tensas y asustadizas e incorporamos tranquilidad a todos nuestros encuentros. Es mejor no temer o evitar esos momentos espinosos, o incluso desear que desaparezcan, porque nos enseñan a llegar a una unidad serena e intrépida con cada una de las facetas de nuestra existencia.

Si no transformas tus momentos de desazón, siempre estarás huyendo de tu vida. Pero si aprendes a permanecer ahí, aprendes a *ser*.

Al ser, sin evasión, aprendemos que la vida, la alegría, la abundancia, la fuerza y la sanación surgen de la tierra misma sobre la que nos encontramos, nunca de otro lugar, sino en cada momento, en todos los momentos, dondequiera que estemos. Ningún patrón de distanciamiento o evitación del dolor puede funcionar jamás, porque lo llevamos con nosotros hasta que decidimos liberarlo.

PRÁCTICA Libera el sentimiento

Cierra los ojos. Inspira profundamente, llenando los pulmones en toda su capacidad, y luego deja que el aire salga lentamente por tu boca. Quiero que respires profundamente, llegando hasta todos los rincones tensos de tu ser.

No debemos aferrarnos a nada de lo que no estamos hechos. Esto incluye tus miedos, tu estrés, tus creencias y tu lista de cargas. Amablemente, tu cuerpo está intentando decirte que liberes los sentimientos que te mantienen atado/a. Nada de lo que sientes es en vano o carece de significado; cada uno de los sentimientos difíciles es una burbuja de sufrimiento que está tratando de estallar.

Imagina que tu cuerpo es el mar. Imagina que eres el grande y ancho océano, con criaturas de una belleza única nadando en tus aguas y corales de color rubí en tu arena. Estás vivo. Estás tranquilo. Estás maravillado.

Ahora imagina que una burbuja se escapa a través de la arena y dentro de ella hay un sentimiento que no te sirve. Está subiendo hacia tu conciencia. No intentes empujar la burbuja hacia abajo. Mírala como lo que es: algo de lo que tú no estás hecho, tratando de escapar desde tu interior.

Dale un nombre a esa burbuja, un nombre de algo que desees dejar ir. Podría ser tristeza o soledad, o algo más específico, como un recuerdo que todavía hace ruido en tu interior y que ya estás cansado de llevar dentro de ti.

Observa cómo la burbuja sube a la superficie de tus aguas, despidiéndola con un suspiro de gratitud y con una sonrisa cálida, sin estar molesto por su presencia, sino purificado.

Las dificultades no son un castigo, querido/a. Los sentimientos no son punitivos; son burbujas de gracia subiendo a la superficie. Hazte amigo/a de las arenas cambiantes en lo más profundo de tu interior; te estás abriendo, estás cambiando. Deja que el aire que necesita ser liberado sea liberado cuando y como venga. Ama a esas burbujas de gracia. Dibuja una sonrisa en tus labios mientras se marchan.

Puedes permanecer aquí observando y poniendo nombre a tantas burbujas como quieras...

Abre los ojos sólo cuando el agua dentro de ti se sienta más ligera, cuando haya habido una liberación dentro de ti. No es necesario que vuelvas a recoger ninguno de esos sentimientos, o recuerdos o historias. Ahora puedes dejarlos descansar. Puedes estar lleno/a de espacio. Te está permitido ser, respirar y vivir sin ellos.

Vientre suave, bordes lisos. Siente la paz.

8

Recuperar
el permiso personal

Al no encontrar ninguna explicación para las realidades frecuentemente dolorosas con las que te vas a enfrentar, buscarás algo o alguien externo a quien culpar por tus sentimientos. Esto lo harás con la esperanza de desviar tu atención lejos de tus sentimientos de dolor y para ayudar a confirmar el hecho de que te has cerrado, constreñido y protegido.

Pero quizás no te des cuenta de que este acto te quitará una gran cantidad de tu poder. Ese poder quedará cautivo de aquello que has nombrado como responsable de tu desazón.

Ese poder sólo podrá ser recuperado cuando te des cuenta de que eres *tú* quien percibe la desarmonía. Y eres tú y sólo tú quien tiene el poder de revertir el daño. Tú eres totalmente responsable de lo que ves, sientes y percibes. Tu fortaleza está en la forma en que eliges responder.

Mientras transitas por el pedregoso camino de la acusación y la proyección, empezarás a sentir que unos dedos invisibles de luz van abriendo el rabillo de tus párpados cerrados, pidiéndote amablemente que despiertes. Al mismo tiempo, percibirás un retumbo inquieto cerca de tu centro, que no te hablará con palabras, sino con vibraciones sutiles. Está ahí para llevar tu atención hacia tu interior.

Si aceptas su invitación y empiezas a explorar lo que hay dentro de ti, una gran belleza surgirá de la fuente interior de divinidad. Tu mirada será atraída hacia tu centro y, gradualmente, comenzarás a llevar tu poder hacia tu interior mientras dejas de buscar la redención en lo externo.

Este descubrimiento te impulsará hacia delante. Te llevará a la magnífica comprensión de que eres el guardián y el curador de tu vida.

Si alguna vez te sientes enojado y lleno de odio, estate atento a los dedos invisibles y a aquello que te impulsa a abrirte y mirar en tu interior. Esos sentimientos están para ayudarte a despertar a tu *Poder del permiso*. Seguir tu llamada hacia el interior te revelará cómo reclamar autoridad sobre tu vida, autoridad sobre tu corazón sensible y autoridad como dador y receptor de amor y bondad.

Si eres sabio, con el tiempo llegarás a conocer al salvador de la vida. Ese salvador, o esa salvadora, eres tú.

UNA CARTA DEL UNIVERSO

Cuando nos abrimos a la gracia que se extiende alrededor y dentro de nosotros, cuando permitimos que la gran inteligencia de nuestros sentimientos nos guíe y ayudamos a que nuestras tormentas de sufrimiento y dolor residual se muevan a través de nosotros, empezamos a despertar. Reconocemos los lugares a los que no nos habíamos atrevido a mirar. Tomamos consciencia de nuestro poder y entendemos que somos los guardianes y los curadores de nuestra vida. Estamos más seguros en nuestro yo y en nuestro cuerpo, porque ya no estamos ocultando cosas. Ahora es el momento de limpiar nuestro jardín interior.

Este jardín llega con una gran responsabilidad. No puedes dejar de percibir o extraer ni siquiera la más pequeña de las malas hierbas, porque si la ignoras, echará raíces, crecerá y acabará convirtiéndose en algo mucho más difícil de extirpar más adelante.

Todos queremos recoger la cosecha, pero pocas personas quieren realizar el laborioso proceso de limpiar la tierra. Eso mismo ocurre con cada vida humana. Sólo queremos bondad, mares tranquilos y una rotación interminable de atardeceres en tonos ciruela y rosa. Cuando una mala hierba echa raíces profundas y empieza a ahogar a nuestros cultivos, nos lamentamos, señalamos a los culpables y evitamos nuestro deber. Hay algo dentro de nosotros que no quiere ser despertado y hacerse consciente. Para mí esto vendría a ser como el campo de fuerzas de nuestro linaje ancestral, la niebla espesa de nuestro pasado ancestral, la pesada carga de nuestros antepasados y nuestras madres, que nunca conocieron su propia fuerza y su propio poder para elegir su corazón.

Si no somos conscientes de este campo de fuerza invisible, continuaremos transitando por el camino pedregoso de la acusación y la proyección y seguiremos a la deriva en el mar de aquellos que han perdido contacto con la fuente y nuestro derecho a la alegría.

Mi padre nació en 1948 y me cuenta que a su generación le enseñaron a no hablar de sus sentimientos, y mucho menos expresarlos o tratar de procesarlos. Creció oyendo la famosa expresión destructiva de «Los niños están para ser vistos, no oídos». En aquella época, la gente no tenía las palabras o el lenguaje para hablar del corazón. Los traumas no eran percibidos o sanados, sólo eran ignorados, lo cual quería decir que las personas estaban solas con el confuso mundo dando vueltas a su alrededor y en su interior. Esencialmente, no se les permitía expresar su condición humana.

Si tenías un lapsus y expresabas lo que tenías dentro de ti, tu dolor no hacía más que aumentar, ya que a menudo se te castigaba, avergonzaba, ridiculizaba o ignoraba por tu comportamiento «indigno». Al no ser conscientes de una forma de ser alternativa, las personas seguían adelante con el corazón debilitado y el espíritu poco iluminado.

Muchos de nosotros venimos de ese tipo de linajes, en los que la gente simplemente estaba sumergida en el silencio e interiorizaba su dolor. La parte de nosotros que no quiere volver a la vida es la parte que todavía se aferra a esa larga fila de humanos constreñidos. Cuando elegimos responder a la llamada a despertar, tenemos que tirar deliberadamente en dirección opuesta a este campo de fuerza, y eso puede parecer algo muy difícil de hacer. Es necesario un esfuerzo constante para caminar en la dirección de nuestro corazón y nuestra verdad más elevada. De hecho, para muchos de nosotros es un trabajo de toda una vida, y sin embargo es también un trabajo que nos recompensa inmediatamente y le da sentido a nuestra vida, mostrándonos que bien vale nuestro esfuerzo. Y esta esperanza no hace más que intensificarse cuando nos permitimos alinearnos con nuestro corazón.

Cuando nos damos permiso de ser guiados por nuestro corazón, accedemos a nuestro poder humano más elevado. Tenemos una nueva fortaleza. Y con la práctica, empezamos a vislumbrar nuestra libertad.

En las ocasiones en que elegimos dejar ir las voces enojadas y los comportamientos opresivos, nuestro corazón se libera. Podemos sentirlo. Cada molécula de nuestro ser se regocija. Durante una pequeña fracción de tiempo, somos eternos. Eso es lo que se siente al estar centrados en el corazón.

Aunque quizás nuestros antepasados no supieran cómo permitirse estar centrados en el corazón, cuando tú naciste le susurraron un mensaje sin palabras a tu corazón. Te hablaron de su anhelo de verte crecer y amar como ellos no pudieron hacerlo. Y ellos nos encomiendan que hagamos lo mismo por nuestros hijos. Si asumimos esa responsabilidad, no sólo para nosotros mismos, sino también para nuestros hijos, cada nueva cosecha de almas tendrá la oportunidad de evolucionar más que la anterior, acercándose un poquito más al faro de sus corazones.

Es fácil faltar a esta responsabilidad o resistirse a ella. Es fácil estar cómodamente incómodos viviendo bajo el reino de este linaje de desconexión y disonancia. Es como si prefiriéramos continuar siendo arrastrados en lugar de asumir nuestro verdadero poder. A menudo sentimos lo mismo acerca de las conversaciones difíciles, o cuando un amigo o una amiga nos considera responsables de algo. Estas llamadas nos animan a crecer y expandirnos, y sin embargo, a menudo una parte de nosotros trata de escabullirse o arrastrar los pies. Una parte de nosotros quiere permanecer dormida. No queremos que se nos considere absolutamente responsables de nuestros actos, o de las formas en que hemos hecho daño.

Pero la verdad siempre viene a buscarnos, incluso si nos estamos yendo en la dirección contraria. Por eso acabamos respondiendo a la llamada a regresar a nuestra totalidad, por eso los dedos invisibles de la luz acaban abriendo nuestros párpados, por eso un clamor acaba llevando nuestra atención hacia dentro.

PRÁCTICA   Me doy permiso

Ánimo. Hay una parte de ti que ya tiene los ojos bien abiertos y está despierta, una parte que puede oír con claridad, una fuerza de amor y bondad mucho más poderosa que te invita a elevarte y salir de la bruma inconsciente. Ahora, vamos a permitir que esa parte de ti deje de esconderse.

Ponte cómodo/a y cierra los ojos. Siente cómo tu respiración hace que te relajes y entres profundamente en tu cuerpo. Siente esa sensación sutil y reconfortante de estar en casa dentro de ti.

Sé que una parte de ti tiene miedo de asumir tu poder. Sé que una parte de ti tiene miedo de sostener tu vida con tus propias manos sagradas. Sé que una parte de ti tiene miedo, pero sé que otra parte de ti no lo tiene. Sé que hay otra parte de ti que está dispuesta, que anhela y reclama que todos tus dones se manifiesten. Sé que una parte de ti está pidiendo que tu persona profundamente cariñosa se alce. Sé que tu corazón te habla; sé que puedes oírlo.

Sé que te estás esforzando por oírlo…, sigue haciéndolo. Sigue elevándote por encima de la niebla.

Esta vida es tuya, querido/a. ¿Cómo te gustaría vivirla?

Si anhelas entrar en la consciencia de tu corazón, di esto ahora:

Me doy permiso para convertirme en mi corazón.
Me doy permiso para convertirme en mi corazón.
Me doy permiso para convertirme en mi corazón.
Me doy permiso para convertirme en mi corazón.
Me doy permiso para convertirme en mi corazón.
Me doy permiso para convertirme en mi corazón.
Me doy permiso para convertirme en mi corazón.
Me doy permiso para convertirme en mi corazón.
Me doy permiso para convertirme en mi corazón.
Me doy permiso para convertirme en mi corazón.
Me doy permiso para convertirme en la verdad.

Di esto con la certeza de que es verdad, sabiendo que cada parte de tu cuerpo, de tu mente y de tu psique te creen, que *tú* te crees.

Si se presenta la inercia, si la apatía y el desánimo te agarran de los tobillos y te arrastran lejos del corazón, si la niebla se cuela por una grieta, sacúdete otra vez para despertar. Regresa a este mantra tantas veces como lo necesites, cuando más lo necesites. Deja que sea tu balsa salvavidas. No hay nada más que tengas que hacer, sólo repite estas palabras y deja que la gracia de tu corazón haga el resto.

Qué hermoso/a te ves, querido/a. Cuánta luz emana de ti. De mi corazón al tuyo, te doy las gracias por decirle «sí» a la manera en que anhelas vivir.

Ahora, inclínate ante ti en agradecimiento y abre los ojos. Toda la luz que ves o sientes a tu alrededor en este momento proviene de tu propia fuente. Esto es beber de tu propio néctar. Esto es estar en tu corazón y en tu verdadera esencia.

9

Recuperar nuestro cuerpo de luz

Una vez que te hayas separado del origen y la totalidad, sentirás como si hubieses sido dividido y partido en dos. En cualquier momento dado, estarás operando bajo uno de estos dos yos: la *sombra de la mente* o el *cuerpo de luz*.

La sombra de la mente está gobernada por el miedo, la limitación y la sombra. Es esa parte de ti que cree que no está segura, que no es buena. Es la versión más pesada y más densa de ti, que es inflexible, está ciega a la belleza y está arraigada a sus historias de aflicción y sufrimiento. Está reviviendo constantemente el pasado y tratando de alcanzar el futuro.

El cuerpo de luz, por contraste, está gobernado por el amor, la luz y la benevolencia. Es esa parte de ti que todavía está intacta, conectada y alineada con la fuente divina dentro de ti. Tiene una confianza absoluta en la vida, sin importar cuál sea su experiencia. Es tu liviandad. El yo sin muros, fluido, sin historias, rico en belleza y anclado en la dedicación al corazón.

Entraras y saldrás de ambas realidades. Una hará que te sientas liberado; la otra te llenará de ansiedades.

Llegar a conocer los dos aspectos de ti te causará temporalmente dolor y confusión. Si alguna vez te quedas atrapado en la sombra, tendrás que ignorar la sensación de indefensión y aprender a navegar hacia la luminosidad. Danzarás entre los dos aspectos hasta que descubras las herramientas para deshacerte de la sombra de la mente y desconectarte de ella.

No lo olvides: estás hecho de verdad. Sé sabio cuando estés bajo el hechizo de la oscuridad; eso te puede servir como el portal para llegar a tu luminosidad. Es tu guía para retornar a la plenitud y puede enseñarte a eliminar la división entre los dos yos.

Cuando te encuentres en la sombra de la mente, pide que la verdad sea revelada. Dale amor. El amor es su punto débil. Si es amada, tendrá poco en qué apoyarse. Practica con diligencia y seriedad, dándole más amor (no menos) a aquello que intente robarte tu luz. Así es como le devuelves a tu organismo su estado natural de ecuanimidad y paz.

Recuerda esto: estás hecho de verdad. El resto no es más que un oscurecimiento de tu luz.

UNA CARTA DEL UNIVERSO

En el momento en que nos separamos de nuestro corazón cuando éramos unos bebés de piel suave, se nos dio (quizás podría incluso decir que se nos regaló) una sombra de la mente, cuya tarea consiste en proteger la vulnerabilidad pura del corazón. Durante todos estos años, la sombra de la mente ha estado trabajando con esmero para proteger lo que inconscientemente pediste que protegiera cuando estabas esforzándote por hacer que este mundo fuera un lugar seguro, y te ha ayudado a maniobrar por la vida sintiéndote menos susceptible a los traumas. Sin embargo, esta sombra es como una piedra sobre tu corazón.

Ha llegado el momento de que sostengas en tu consciencia amorosa a este protector herido que ha estado bloqueando la luz, porque si no lo haces, corres el riesgo de no encontrar jamás el camino de regreso al corazón.

En su papel de protectora, la sombra de la mente infunde miedo cuando se presenta la adversidad o cuando tratamos de crecer más allá de lo que estamos habituados a hacerlo, incluso si estamos logrando algo que siempre habíamos soñado. Para la sombra de la mente, la expansión significa arriesgarte a ser lastimado y herido. En su gran audacia, trata de anular nuestras aspiraciones reprendiéndonos y menospreciándonos, o manteniéndonos atrapados en los pensamientos que nos producen ansiedad. Lo hace en un intento de mantenernos a salvo. Intentará impedirnos evolucionar y cambiar. Hará todo lo que pueda para impedir que sigamos a nuestras llamadas y sueños más profundos.

Cuando no somos conscientes de la forma de actuar de la sombra, podemos caer prisioneros de ella y nos costará movernos libremente en nuestra vida. Kim, una alumna mía, me contó que cuando se tendía en el suelo para meditar, solía sentirse abrumadoramente vulnerable. Le resultaba muy difícil estar sin defensas, abierta y receptiva. Reconoció todas las formas en que su cuerpo se contraía en «un esfuerzo de autodefensa».

Esta revelación la sobresaltó y, al mismo tiempo, hizo que sintiera humildad. Antes de ese momento, no se había dado cuenta de la forma en que su sombra estaba dominando a su cuerpo pero, una vez que tomó consciencia de ello, fue capaz de dejarla ir. Esto la hizo llorar. Como mucha gente, Kim estaba funcionando bajo la fuerza de esta sombra y ni siquiera se daba cuenta de que la tenía agarrada. No nos damos cuenta de que estamos en un estado casi constante de protección, en lugar de abrirnos a la vida.

Cuando alguna cosa en nuestra vida se cae, se rompe o se transforma; cuando los desafíos o los cambios se expanden; cuando no se cumple una condición; o cuando la seguridad y las comodidades percibidas se ven amenazadas, la Sombra de la mente se levanta y asume el dominio. Se levanta cuando la tristeza llama a nuestra puerta. Cuando nos sentamos a meditar y respirar y sentimos cómo el miedo sube a la superficie cuando comenzamos a encontrarnos con nosotros mismos. Cuando la vida dice que el suelo sobre el que estás parado no es tan sólido como creías. Cuando el amor se marcha o la confianza es traicionada. Cuando una palabra dura o de enfado nos hace daño. Incluso cuando el amor se materializa, cuando los sueños se manifiestan, la sombra de la mente aparece para mantener la seguridad y el orden. Trata de impedir que aterricemos en esos lugares. Nos escondemos detrás de ella la mayor parte de los días y nos impide vivir la vida con valentía.

Pero esto es lo importante: tú tienes la última palabra. Tú puedes decir: «*No*, estoy preparado para enfrentarme a todos los riesgos de la vida para poder vivir una vida más plenamente encarnada y viva».

Vale la pena que hagas una pausa aquí para reconocer que siempre has tenido ese poder. El cuerpo de luz ha estado ahí siempre. Pero tienes que relevar a la sombra de su deber para que puedas entregarle el timón a tu cuerpo de luz y permitirle que dirija el barco.

Recuerdo una ocasión en la que mi sombra me envolvió. Acababa de recibir una crítica de mis escritos y podía sentir cómo la vida se escapaba de mi cuerpo. Mi respiración se volvió rápida y corta; sentí como si toda mi caja torácica estuviera colapsando. Que algo tan preciado y querido para mí como eran mis escritos fuera destrozado fue como recibir una puñalada en el corazón. Sentí que una profunda insuficiencia se abría dentro de mí y quise huir de los sentimientos y las voces que me iban persiguiendo. ¿Sabes cómo son esos momentos en los que sientes que es demasiado? Demasiado que contener, demasiado que afrontar, demasiado que soportar. Fue uno de esos momentos.

Me dirigí al armario de mi baño y encontré un pequeño frasco anaranjado de Valium. Me lo habían recetado para aliviar mi miedo a volar, pero en ese momento de crisis sólo quería escapar de esa tormenta y de esa sensación abrumadora de fracaso, y sabía que esas píldoras me podían ofrecer eso. Mientras sostenía una pequeña píldora azul en la palma de mi mano, una voz me habló desde mi interior: *Escapar del dolor te garantiza el regreso a ese dolor. Deja esa píldora y sal al exterior.* De mala gana, puse la píldora de vuelta en el frasco y salí a tomar el aire de la noche.

Empecé a caminar por el prado parcialmente cubierto de nieve y de barro, iluminado por la fría luz azul de la luna. Los pensamientos de dura autocrítica continuaban ganando impulso mientras caminaba. Era como si mis pensamientos supieran que ahora los estaba escuchando y comenzaron con su coro de desgarradora degradación: *Nada de lo que hagas será bueno jamás. Date por vencida de una vez.* Con cada latigazo cruel de la lengua de mi sombra, yo lloraba, pero luego, de repente, empecé a cantar.

«Ayuda. Por favor, ayudadme. Recordadme por qué estoy aquí. Recordadme por qué estoy aquí». Con una voz temblorosa, canté esas palabras una y otra vez al campo abierto y al cielo.

Mi canto se convirtió en llanto; las lágrimas comenzaron a derramarse. Continué caminando hasta que ya no pude hacerlo. Me puse de rodillas junto a las raíces de un arce moribundo y, mientras lloraba, una presencia de lo más dulce y amorosa me comenzó a hablar: *Estás bien*, dijo. *Estás bien.* Era realmente tan amorosa que casi la creí.

Traté de responderla. Le dije que no me sentía bien. Le dije que quería escapar de este sentimiento. Me sentía derrotada, exhausta y tenía frío. Continué llorando hasta que me sentí un poco más liviana y luego volví a entrar en casa.

Mi hijo estaba de pie en la puerta y, mirándome a los ojos, me preguntó si quería bailar. Pusimos la música tan alta que llenó toda la casa, y nos movimos. Dejé que la percusión y el ritmo sacudieran algo de mi dolor y lo liberaran. Bailé hasta que volví a sentir calidez, hasta que mi sangre volvió a moverse con rapidez por mi cuerpo.

Y entonces... llegó el silencio. Llegó la quietud. Cené con mi familia y después empecé a despejar la mesa. Cuando tenía los brazos llenos de platos sucios, la gracia entró en mí e hizo que su regalo de liberación y alivio inundara todo mi ser.

Súbitamente, sentí que estaba bien. Que todo estaba bien.

Mi tristeza se había marchado. Empecé a sonreír y mis ojos se llenaron de lágrimas. No eran lágrimas de tristeza, sino de agradecimiento, de asombro, de alegría. Miré a mi marido y le dije: «Ay, Dios mío, es la gracia». Él me envolvió en un cálido abrazo y agradecí en silencio a la gracia. Me di las gracias a mí misma por haber escuchado a mi tristeza. Di las gracias por la sabiduría que me hizo cantar, bailar y soltar. Me negué a huir o permanecer inmóvil: canté, bailé y grité. Escuché a la corriente salvaje de las necesidades de mis sentimientos. No fue bonito, fue aterrador, pero al final, me liberé.

Si hubiese tomado la píldora y hubiese escapado, me habría perdido este valioso momento. Habría perdido la profunda revelación de que nuestros cuerpos saben cómo ayudarnos a pasar por los momentos difíciles. Nos apoyan si estamos dispuestos a ser valientes ante nuestro miedo.

Lidiando con mi neurosis, encontré mi sistema interno de orientación. Encontré a mi corazón. Incluso encontré placer, porque estaba aprendiendo. Estaba recogiendo evidencia de lo que era capaz de afrontar y transformar. Incluso emergí de esa lucha sintiéndome menos apegada a mis escritos y menos protectora de ellos, más dispuesta a aprender y menos egoísta. Estaba descubriendo que no estaba sola, que incluso en mis momentos más oscuros, algo dentro de mí me guiaba con susurros hacia mi propia luz. Ese algo no nos impide sentir nuestro malestar y nuestra desazón, pero nos muestra el camino para que podamos pasar a través de ellos.

Mi sombra estaba intentando protegerme de sentir dolor tratando de convencerme de que tenía que escapar de ese lugar estrecho, de esa parte de mí que se sentía tan disminuida por las críticas a mis escritos. Trataba de impedir que fuera hacia ellas, pero en lugar de eso, la voz de mi corazón me habló y me guio a través de mi desazón hacia un lugar de gracia y aceptación.

Conozco íntimamente a la sombra de la mente. Sé que no quiere que crezca, no porque sea despiadada, sino porque tiene miedo. Pero el corazón, el corazón no tiene miedo y, si lo escuchas con detenimiento, siempre te mostrará cómo soltar y abrirte a cada momento de tu vida.

Si te encuentras paralizado por el miedo o la ansiedad, puedes elegir volverte hacia los sentimientos que te tienen agarrado en lugar de huir de tu sombra. Incluso puedes hablarle a la sombra y pedirle que se marche.

Una vez que la sombra de la mente se ha retirado, todos los actos, las emociones y las respuestas pueden finalmente fluir desde tu interior hacia fuera. Descubrirás que eres capaz de hablar y moverte de maneras que ayudarán a tu cuerpo a soltar la tensión acumulada y el miedo. La inteligencia de tu corazón te mostrará cómo hacerlo.

Esto requiere práctica. No existe una cura instantánea y uno no está permanentemente libre de la sombra, pero al aceptar el deber de atender e instruir diligentemente a esta sombría protectora, puedes llegar a darte cuenta de que cada vez que te acercas a tu miedo, también tienes la oportunidad de decir no. Puedes fortalecer la voz que te aleja del miedo y te acerca a tu mayor bien. Tienes la opción de levantar suavemente el velo de tu corazón y permitirle que se estire y te llene.

En el inicio de este capítulo, dije que esta sombra es un «regalo». ¿Por qué dije eso? Así es como yo lo veo: estamos aquí para aprender el dominio de nuestro propio ser, para descubrir lo divino y los numerosos dones que hay en nuestro interior. Hasta que no vemos por nosotros mismos de qué somos capaces, no lo sabemos. No podemos conocer nuestra magnitud ni empujar contra los límites de nuestra desconfianza y nuestras dudas (la sombra). ¿Qué mejor manera de conocer y descubrir nuestra prodigiosidad que a través de la confrontación con su opuesto?

Al liberar a la sombra, despertamos la semilla dormida de nuestro magnífico potencial.

En *El Profeta*, el poeta Kahlil Gibran escribió: «Tu alegría es tu tristeza sin máscara», haciendo alusión al hecho de que uno debe enfrentarse a la sombra de la tristeza o de la agonía para poder encontrar el éxtasis en su vida y en su ser. De la misma manera en que la semilla debe empujar para abrirse camino hacia arriba a través de la materia densa de la tierra, nosotros también debemos empujar hacia arriba y a través de la máscara opaca de nuestra sombra.

Esto no quiere decir que necesitemos un suministro interminable de dolor y sufrimiento para poder salir al otro lado, sino que incluso después del inevitable desastre de haberle dado la espalda y haberle puesto una armadura a nuestro corazón, dentro de nosotros sigue habiendo un brillo divino que está vivo y bien, y que sólo nosotros podemos descubrir y reclamar.

Ninguna victoria es más dulce que conectar con nuestro propio corazón después de haber liberado a la piedra de nuestra sombra. Hallamos nuestro verdadero poder a través de esa confrontación, a través de nuestro compromiso, nuestra dedicación y nuestro respeto por la luz de nuestro ser auténtico.

PRÁCTICA De la sombra a la luz

Comprender tanto a la sombra como a la luz es comprender nuestra dualidad esencial, la batalla interna que se vive dentro de cada uno de nosotros en lo más profundo de nuestro ser. Es nuestra responsabilidad enfrentarnos a nuestra sombra para que pueda entrar la luz.

Cuando entras en el territorio de la sombra de la mente, lo sientes. Cuando entras en el consuelo de tu cuerpo de luz, lo sientes. Cuando estás en el trance de la sombra, todos los pensamientos, las emociones y los sentimientos son densos y pesados. No tienes deseos de ablandarte o ser vulnerable. Las cosas te parecen imposibles, hostiles y limitadas.

Cuando estás en la sombra, estás gobernado/a por la escasez y la carencia. Sentir cualquiera de estas cosas es una señal de que estás vadeando en las aguas de la sombra.

Ahora, por favor, cierra los ojos y descansa, haciendo que tu respiración sea más profunda y más larga. Me gustaría que despiertes un sentimiento de curiosidad y asombro ante la posibilidad de que tú seas la respuesta y el antídoto para todo lo que afrontas en la vida.

Hay una luz en el centro mismo de tu ser. Debido a la forma en que la vida se desarrolla, tú cubriste esa luz. Estabas tratando de proteger a tu dulce bondad de cualquier daño.

Pero cuando cubriste esa luz, entraste en la oscuridad. Entraste en la carencia. Empezaste a olvidar que esa luz estaba ahí. Pero todavía está caliente, ardiendo fervientemente en el centro de tu ser. La verdad de quien tú eres sigue viva.

Mira a los ojos a la oscuridad y pídele a tu luz que se haga presente. Ha llegado el momento; estás preparado/a para reclamar tu cuerpo de luz. De ti depende dejarle claro a tu sombra que ahora tú, y no ella, eres la autoridad sobre tu cuerpo.

Me gustaría que entres en tu interior y empieces a buscar los dedos pegajosos que se aferran a los bordes de tu corazón. Después, inicia una conversación.

Busca en tu interior la parte de ti que se siente más sola, más triste y más indignada. Ésa es tu sombra asustada. El aspecto de ti que no está dispuesto a abrirse al amor y a la expansión.

Me gustaría que la hables con cariño pero con firmeza, pidiéndole que salga de tu ser ahora. Dale las gracias por sus esfuerzos y asegúrale que estás bien y listo/a para tomar el mando, listo/a para confiar en ti y dirigir tu vida. Dile que ahora tú estás al mando y que ya es hora de que descanse.

No vivirás ni un solo día más bajo la tiranía de la sombra de la mente.

Estás tomando posesión de tu propio ser, de una forma consciente y amorosa. No sólo eres capaz de hacerlo, sino que anhelas hacerlo. Anhelas asumir ese papel. No dejes que nada te aleje de tu dominio. Si no es ahora, ¿cuándo?

Ahora bien, por supuesto que la vida retomará su orden natural y la sombra continuará asomándose en ocasiones y hará que olvides el pacto que hiciste, pero mientras puedas prestarle una atención amorosa y le dejes claro quién está al mando, seguirás avanzando hacia una vida centrada en el corazón, serás apoyado/a y sostenido/a por tu corazón, incluso en los momentos más difíciles.

Recuerda que tu sombra no es tu enemiga, no es algo que debas maltratar y anular. Puedes usarla como una herramienta para ayudar a fortalecer tu determinación, para que puedas seguir aprendiendo a estirarte hacia la parte amable de ti que es motivada por el amor.

Ahora abre los ojos y alégrate por haber experimentado esos momentos de dominio de tu propio hogar y de tu propio corazón.

10

Recuperar nuestra vulnerabilidad desvergonzada

Para poder salir de la protección de la sombra de la mente, debemos dejar de ver nuestras vulnerabilidades como debilidades. En realidad, la vulnerabilidad es una sabiduría poderosa. Es la sabiduría silenciosa de nuestro ser más profundo, más verdadero. Puede transformar a grupos enteros de personas atrapadas en la guerra o en una batalla de voluntades.

Gandhi, la Madre Teresa, Jesús, Martin Luther King y Buda fueron líderes vulnerables, compasivos y exuberantes que irradiaban amor y bondad. Cada uno de ellos, a su manera, se liberó de la vergüenza asociada al hecho de ser sensible y se dedicó a liderar usando la sensibilidad como su herramienta principal. Ellos sabían que estaban siendo llamados a cambiar el mundo y que tendrían que persuadir a otras personas de que se elevaran en la bondad y no en el miedo. Sabían que la única manera de hacerlo era manteniéndose firmes en el altruismo y la benevolencia, en la suave tierra en su centro.

Tú puedes hacer lo mismo.

Desde el momento en que despiertas por la mañana, puedes invocar el poder de tu cuerpo sensible estableciendo conscientemente la intención de permitirte ser guiado sin restricciones por tu corazón. Puedes pedirle a tu mente que baje la guardia y sus defensas. Si no hay ninguna protección sobre tu ternura, crecerás libre y sin freno.

Pero no te equivoques: estar en el mundo sin defensas no es lo más fácil. Estamos acostumbrados a estar protegidos y cerrados para impedir que nos hagan daño, y cuando tu sensibilidad esté expuesta por primera vez, es posible que te sientas abrumado y en ocasiones asustado. Es posible que, inicialmente, te sientas avergonzado, porque la gente podría criticarte. Es posible que seas cosificado y escudriñado. Esto se debe únicamente a que las personas que todavía no conocen esta forma de existir, que no saben cómo acercarse a su corazón, sentirán al mismo tiempo curiosidad y miedo, lo cual puede hacer que te ataquen. Ten en cuenta que podrían tener miedo a la bondad, al amor y a la vulnerabilidad.

Encontrarte con un espíritu muy abierto puede hacer que surjan sentimientos tanto de magnetismo como de desprecio, pero aunque las personas con las que te encuentras puedan sentir esas cosas inicialmente, con el tiempo algunas de ellas también llegarán a conocer el amor y la apertura en sí mismas. Ésa es, simplemente, la ley natural. Fuimos creados para ser abiertos, pero aprendimos a olvidarlo. Afortunadamente para ti y para todos nosotros, también es ley natural que, si se nos da el tiempo y la oportunidad, tendemos a acercarnos otra vez a la luz.

Ciertamente, recordar y olvidar nuestra verdadera naturaleza no es algo que ocurra una vez en la vida. En cualquier momento en el que te sientas abrumado y notes que tu mente está empezando a llevarte hacia el fango, puedes comenzar a abrirte otra vez y recordar quién eres realmente alineándote de nuevo con la intención, pidiéndole a tu corazón que asuma el liderazgo y ofreciendo un poco de amor frente al miedo. Para que no te pongas a la defensiva o te cierres cuando la gente juzgue tu actitud abierta, pregúntate cómo puedes deshacerte de las historias que la mente crea para impedirte vivir de una forma abierta y luego encuentra la manera de sostenerte enérgicamente con amor y compasión.

Si estás sufriendo, haz sólo una pequeña ofrenda de amor, en lugar de dolor. Si eso hace que quieras cerrarte y huir, haz sólo una pequeña ofrenda de amor, en lugar de evitación. Si todos los muros que había a tu alrededor han caído a tus pies convirtiéndose en escombros, haz sólo una pequeña ofrenda de amor, en lugar de desesperación.

Y si el amor te parece imposible de encontrar, invita a tu tristeza y abrázala. Y observa cómo la calidez acude corriendo a llenar la brecha que tienes delante, acude corriendo a calmar y suavizar cada una de las superficies que estás dispuesto a exponer.

Cada vez que te desplazas hacia el amor, inviertes en el músculo de tu corazón y le das poder. Inviertes en tu yo más auténtico y le das poder. Estos suaves actos de cuidado de ti mismo te infundirán un nuevo tipo de luminosidad y transformarán tu ser. Cuando logras que las partes fracturadas de ti vuelvan a estar alineadas y completas y rechazas el parloteo negativo de la mente, empiezas a vivir centrado en el corazón.

En realidad, no hay ninguna necesidad de continuar siendo esclavo de tu sufrimiento. Eres maravillosamente sabio y capaz, prácticamente en cada momento, de volverte hacia el amor que está en tu centro. Permítete revelar tu corazón y liberar a tu mundo.

PRÁCTICA   El corazón sin muros

Ahora, cierra los ojos y deja que tu cuerpo se asiente en la respiración. Recuérdate cuál es tu intención y qué es lo que te ha traído hasta este momento. Deja que tu corazón te hable.

Ahora, recupera el recuerdo de una ocasión en la que te sentiste avergonzado/a por expresar una emoción o un sentimiento, una ocasión en la que sentiste que tu ternura estaba siendo atacada. Nota cómo te sentiste por dentro, cómo supiste que había algo malo en la forma en que te estaban tratando. Quiero que observes este recuerdo y abraces a ese yo asustado que está sufriendo. Abrázalo hasta que sientas una calidez, susúrrale unas palabras de aliento amoroso y permítete apoyarte en tu propio abrazo reconfortante y sanador.

Aprender a permanecer en nuestro dolor y malestar invita a la vulnerabilidad, en lugar de a la vergüenza. Esto retira la escayola que teníamos alrededor de nuestro corazón.

¿Te puedo preguntar, querido/a, qué es lo que te está afligiendo? ¿Qué es lo que permanece en tu interior que tú estás negando? ¿Qué es lo que estás negándote a abrazar? Lo que sea que esté ahí, lo que sea que se encuentre en tu vientre oscuro, no es necesario que lo ocultes. No es necesario que lo temas; no es necesario que lo dejes morir de inanición o lo castigues.

Tienes estas manos, estos brazos, este corazón, esta respiración y el conocimiento primordial de que estás profundamente destinado/a a amar. Entonces, abrázate. Espero que tomes consciencia de tus propios poderes inherentes de consolar. Espero que un recuerdo despierte en ti los poderes de tus propias habilidades, no para que te escondas de la herida, sino para que te levantes valientemente para aplicar presión sobre lo que duele y calor sobre lo que escuece. Espero que despiertes tus increíbles poderes inherentes de abrazar. Espero que te conviertas en la madre que tanto necesitas.

Cuando los muros que rodean a tu corazón se derrumben, sentirás un dolor superficial y molestias al agrietar el revestimiento. Piensa en estas molestias como si fueran el mismo dolor liberador que sientes cuando te quitan la escayola que rodeaba a un hueso que se había roto. Ese dolor temporal al romper la escayola es un dolor soportable e incluso gozoso. ¡Ya puedes usar tu corazón otra vez! Sonríe, porque estás liberando a tu valioso ser.

Al volver a despertar a nuestro yo sensible y a nuestro corazón, no sólo aprendemos a masticar y digerir las cosas amargas, sino que también saboreamos la bondad, la dulzura, el néctar de la vida.

Volver a la totalidad encenderá caminos de luz que recorren todo nuestro cuerpo. Encenderá una luz tan brillante que irradiará hacia fuera y a nuestro alrededor, con un aura que hará que atraigamos todas las cosas buenas y hermosas.

Tus ojos empezarán a reconocer lo grandioso en lo mundano. El corazón hablará más fuerte que la mente crítica. Tu «necesidad de saber» será reemplazada por el optimismo y la fe, y por una mayor paz y aceptación de lo que se está desarrollando.

Con cada espina que quites, recibirás un rayo de luz. Con cada abrazo amoroso que ofrezcas a aquello que gruñe, se revelará un céfiro de certeza y confianza. Mientras te esfuerzas por volver a la fuente y a la sensibilidad, no debes olvidar que, en cada desafío, recibes algo valioso.

11

A solas con tu alma

Estarás rodeado del bullicio de la vida, lo cual hará que te resulte difícil mantener una conexión con tu brújula interna y con tu intuición. Con frecuencia, si no le prestas atención a tu mundo interno, éste reflejará el nivel de ruido y de distracción de tu mundo externo. Cuanto menos tiempo pases cultivando las aguas tranquilas dentro de ti, más confundido y enmarañado estarás.

Si esto continúa durante el tiempo suficiente, tu realidad interior llegará a estar tan distorsionada que ya no serás capaz de descifrar tus propios sentimientos y pensamientos. Muchas de tus decisiones no serán tuyas. Tendrás que encontrar el camino de vuelta a tu propia riqueza.

Para hacer esto, tendrás que ponerte a prueba alejándote del inmenso y ruidoso torbellino de la civilización para despertar a tu cuerpo sensible y a tu ser. Tendrás que entrar en tu propia soledad.

Esto será un desafío, simplemente porque tendrás la sensación de estar nadando contracorriente, moviéndote en la dirección opuesta a la dinámica que hay a tu alrededor. Inicialmente, dejar de hacer y actuar en piloto automático será la parte más difícil del proceso. Debes saber que los primeros momentos serán los más duros, pero una vez que te eleves por encima del ruido, llegarás al maravilloso silencio. Ahí es donde encontrarás tu propia riqueza y orientación.

Aunque quizás creas que la quietud y el silencio son deficientes y vacíos, llegarás a aprender que lo opuesto es verdad.

Llegarás al campo iluminado de tu propio reino interior. Esto requerirá práctica y el compromiso de continuar eligiendo entrar dentro de ti. Una vez que te hayas retirado del río embravecido del hacer y lograr cosas, desenterrarás tu propia voz única y tu propósito.

Cuando estés nuevamente alineado con tu propio sistema de orientación, comenzarás a sentir otra vez. La luz se verterá sobre todas las superficies de tu vida porque, en la silenciosa quietud, habrás descubierto tu verdadera esencia.

Dondequiera que te encuentres en tu vida, cuídate de no dejarte arrastrar por la corriente del ruido, porque te llevará a lugares que no has elegido. Con cada paso que des, asegúrate de sentir la tierra bajo tus pies y mantén la atención fija en el espacio de tu corazón; esto te ayudará a mantenerte centrado en el ritmo tranquilo de la verdadera naturaleza.

La verdad siempre te llamará. Crea espacio para escuchar y la oirás.

UNA CARTA DEL UNIVERSO

Pedí verdad y me dieron silencio.
Pedí verdad y me despojaron de mi imagen.
Pedí verdad y todo lo que yo creía que tenía
significado se rompió dentro y fuera de mí.

Pedí verdad.
No me di cuenta de que estaba pidiendo ser vaciada.

Una de las consecuencias más profundas de estar cerrados a nuestro corazón es nuestra incapacidad actual de *estar* con nosotros mismos. En nuestro deseo de no *sentir* (no sentir nuestro dolor, nuestros sentimientos, nuestras sensibilidades), nuestro cuerpo se convierte en algo que abandonamos en lugar de amar. Debido a eso, pasamos la mayor parte de nuestras vidas distrayéndonos y evitando la quietud.

El único antídoto para esto es pasar tiempo a solas, o como yo suelo llamarlo, *a solas con el alma*. Pero para poder sanar y encarnar a nuestro yo centrado en el corazón, tenemos que sentarnos y escuchar el silencio de nuestro ser. Sin esto, no podemos oír la sabiduría de nuestro corazón, no conectamos con «la serena vocecita interior», y nunca llegamos a descubrir nuestra naturaleza espiritual.

Para que empieces a sanar y a conectar con tu centro lleno de sabiduría, primero debes examinar por qué lo evitas inconscientemente.

La mayoría de nosotros pasamos la vida en la superficie, funcionando en círculos interminables. Damos vueltas alrededor de nuestras relaciones, nuestras carreras y nuestras actividades creativas. Ponemos la mayor parte de nuestra concentración y nuestra atención en los resultados, y dedicamos nuestro tiempo a perseguirlos hasta que estamos listos para pasar a lo siguiente. Luego nos apegamos rápidamente a otra cosa y nos dedicamos a esa persecución, y el ciclo continúa. Debido a que estamos constantemente ocupados, saltando de un proyecto a otro, una parte de nosotros siempre está sedienta, nunca se siente saciada, siempre está buscando que la siguiente persona, o el siguiente proyecto, le proporcione una sensación de significado y valía. Pero durante todo ese tiempo, entre hacer y obsesionarnos y soñar y esperar y perseguir, ahí es donde ha estado viviendo la relación con nuestro ser y nuestro corazón. Ahí es donde encontramos esa parte abandonada de nosotros mismos que no llegamos a sentir porque estamos demasiado ocupados.

¿Dónde estás viviendo la mayor parte de tu vida? Esta pregunta llegó a mí en un momento de tranquilidad entre mis quehaceres. Me senté con los ojos cerrados, tratando de calmar y serenar mi mente hiperactiva. Durante meses me había estado volcando en este libro, vertiendo en él mis pensamientos y mi inspiración. Quedaba sitio para muy poca cosa más. Detenerme y aquietarme, beber de la calma y la paz en las inmediaciones de mi creatividad, me parecía demasiado difícil, demasiado banal y demasiado tranquilo. Sin embargo, cuando llegué a un momento de quietud, vi que nada tenía sentido si no me relacionaba también conmigo misma. Si no era capaz de prestar una atención amorosa a la quietud, podía pasarme la vida entera recolectando cosas que al final no tendrían ningún valor.

El hecho de reflexionar acerca de cómo nos tratamos a nosotros mismos sin la manta de seguridad de nuestros logros nos revelará cómo estamos tratando al fundamento de nuestra vida:

¿Me estoy relacionando conmigo mismo de una forma
amorosa a través de la meditación o la indagación, para
poder descubrir lo que realmente necesito?

¿Estoy encontrando el tiempo para estar en soledad y en
la simplicidad?

¿Estoy pasando mi tiempo libre perdido en las distracciones
de la pantalla de mi teléfono o del ordenador?

¿Estoy ocupado tratando de confirmar mi valor y mi valía
a través de otras personas?

¿Estoy presente con mis seres queridos cuando estoy con ellos?

¿Cuánto tiempo estoy dedicando a darme el amor que
procuro dar a los demás?

¿Cuál es la cualidad de mi vida cuando estoy solo en los momentos en los que no estoy haciendo nada?

Esta vida entre los quehaceres es donde te encuentras contigo mismo. Es donde empiezas a sentir la comodidad o la incomodidad de la relación que tienes *contigo*. Es en este espacio donde sentirás el dolor de la disonancia con tu corazón. Ahí es donde nos encontramos con nuestra vergüenza, con nuestro odio hacia nosotros mismos, con nuestra soledad, con nuestro dolor no resuelto, con los hábitos que nos insensibilizan y con nuestra tendencia a desconectar y evitarnos a nosotros mismos. Nos evitamos porque no hemos aprendido del todo a querernos y no sabemos cómo estar cómodamente a solas. Hay una tendencia natural a distraernos y evitarnos, lo cual no hace más que acrecentar la desconexión y nos aleja cada vez más de nosotros mismos.

Pero descubrir cómo querer a la persona que somos, tal como somos, estando a solas en el momento presente, es el trabajo que finalmente nos reconfortará y nos llenará. Si tienes el anhelo sincero de encontrar paz y amor en tu vida, primero debes encontrar ambas cosas *dentro* de ti. En lugar de distraerte y evitar, es hora de que te arrodilles a tus pies y empieces a hablarle suavemente a ese yo central con el que conectas escasamente.

Porque a la mayoría de nosotros, o quizás a todos, nos educan para que nos centremos en los logros externos (que nos amen, que nos valoren, y encontrar nuestro propósito en el mundo), cuando pensamos en alejarnos y sumergirnos intencionadamente en la soledad, sentimos que nuestro propio sentido de la importancia se ve amenazado. Elegir la soledad es un desafío para la identidad que nos hemos esforzado tanto en construir. Para mucha gente, es como una especie de muerte. Al alejarnos de nuestro hacer, de nuestros esfuerzos y nuestros logros habituales, nos enfrentamos al suicidio social o nos arriesgamos a ser olvidados. O eso tememos. Es por este motivo por lo que seguimos estando tan atados al mundo externo y a las identidades que creamos para trabajar «exitosamente» en él. Como si nuestra vida dependiera de ello.

Tenemos miedo de estar a solas, tenemos miedo de estar con nuestro malestar, tenemos miedo de desconectar nuestros dispositivos y conectar con el momento presente y con nosotros mismos. Tenemos miedo de convertirnos en personas irrelevantes.

Pero para llegar a estar centrados en el corazón y descubrir quiénes somos y qué sentimos, tenemos que bajar el ritmo. Tenemos que estar dispuestos a «quedarnos rezagados» para poder entrar en nuestro interior.

Sé lo aterrador o intimidante que puede llegar a ser desconectar, caminar en la dirección opuesta a todas esas distracciones brillantes, resplandecientes y ruidosas. Me he enfrentado a ese miedo una y otra vez cuando he respondido a mi propia llamada a la quietud. Pero no importa cuán grande sea la aversión o el miedo, créeme cuando te digo que lo único importante, lo único que vale la pena, es tu relación con el mundo que llevas dentro de ti. El corazón les habla a aquellas personas que se aquietan en su presencia. No puede darte lo que necesitas a menos que coloques tus pies, todo tu ser, firmemente delante de él.

Para poder llegar a estar centrado en el corazón, debes comprometerte a diario a mostrar la versión más tierna y auténtica de ti. Debes comprometerte a cerrar la brecha entre la mente y el corazón. Esto no es negociable. Debes tener una práctica diaria o un período de tiempo habitual en el que estés a solas y sin hacer nada.

Debes entrar en el silencio.

Confía en que si permaneces en silencio y no te insensibilizas o distraes con ninguna estimulación, tu corazón, tu esencia, se revelará. Pero para que esto pueda ocurrir, tendrás que examinar los patrones y las tendencias que te han estado impidiendo profundizar en esta relación contigo mismo. Tendrás que partir tu corazón para abrirlo.

Pasé por este proceso cuando estaba embarazada de mi primer hijo y cuando mi marido y yo decidimos dejar de vivir en la ciudad y mudarnos al campo. Aunque fui impulsada por una llamada interna a encontrar la soledad y la quietud, no comprendía plenamente lo que ocurriría cuando pasara del ajetreo a la quietud. Quizás visto desde fuera pareció ser una transición muy hermosa hacia un mundo de inmensa belleza natural y espacio, pero en realidad encontré dentro de mí una molesta resistencia a mi nueva realidad.

Partir tu corazón para abrirlo no es tan bonito como suena.

De hecho, inicialmente, que te abran el corazón es algo que puedes experimentar como si te rompieran, como si te hicieran añicos. Al mirar atrás, veo a una mujer a la que le estaba resultando difícil la mudanza al campo y ser una madre primeriza. Veo el cascarón de una mujer. Parecía estar hundida y cansada, agotada y triste. Sus pechos y sus caderas estaban hinchados. Se arrastraba a cuatro patas de un instante a otro y se mantenía viva sólo por el respiro que le daban. El mundo había palidecido a través de sus ojos. Ella estaba desapareciendo. Viajando de un velo a otro, era la sombra de quien pensaba que era y no se daba cuenta de en lo que se estaba convirtiendo.

Como no había lugares a los que fuera fácil escapar (como estudios de yoga, cafés y amistades), tuve que aprender a permanecer en la quietud, cuando normalmente hubiera salido corriendo. Tuve que desprenderme de varias capas de mi mente distraída y de su necesidad de estimulación constante; tuve que afrontar mi temor al silencio, mi miedo a mí misma. Mi miedo a la vulnerabilidad de la presencia verdadera.

Tuve que aprender a observar mis hábitos, mi búsqueda de valía y significado, y mi necesidad casi compulsiva de ponerme una armadura cuando me sentía vulnerable y asustada. Tuve que verme completamente y afrontar todas las cosas que había evitado explorar, admitir y sentir.

Me di cuenta de que no tenía ni idea de cómo ser yo misma. Ser yo en la quietud, ser yo en la simplicidad. Ser yo sin otras personas. No tenía ni idea de quién era en realidad. Pasé casi dos años en un estado de profunda introspección y depuración. Citando a Sue Monk Kidd, de su libro *When the Heart Waits: Spiritual Direction for Life's Sacred Questions*, fue «una prueba apasionada y contemplativa en la que una nueva vida y la plenitud espiritual pueden nacer».

Entré más profundamente que nunca en mi interior y escuché en él en busca de orientación. Me volví experta escuchando a mi intuición. Le pedía ayuda al cielo abierto. Me arrodillaba sobre la tierra a menudo. Me hice amiga de la golondrina, el cuervo, el búho. Lloraba sin vergüenza. Invocaba a mis ancestros para que me ayudaran. Escribía todos los días. Lo admitía todo en las páginas. Al decir lo que era verdad para mí en cada momento, estaba fortaleciendo mi voz. Estaba extrayendo mis miedos y mis emociones de la sombra de la vergüenza y la evitación y, al mismo tiempo, estaba convirtiéndome en una persona completa. Nada quedaba fuera de mi conciencia amorosa. Estaba ocupándome tanto de la belleza como de la lucha de mi vida. Estaba cuidando de la siempre cambiante corriente de mi *verdad*.

Con el tiempo, mi depresión se convirtió en dicha. Mi miedo, en libertad. En la soledad descubrí, bajo todas las cosas de las que había estado huyendo durante toda mi vida, una perla de refinada y humilde belleza. Me había vuelto a unir con el don de mi humanidad, la innegable gracia y el amor que emana de cada uno nosotros.

Al principio, descubrir esta nueva tierra es aterrador. Ser un explorador de la experiencia humana significa pasar a través de los diversos sabores, olores y sonidos del hecho de estar vivos. Y si eres un explorador de corazón, te partirás para abrirte y volverás a nacer vulnerable como un bebé, no una, sino muchas veces en tu vida. Si estás ahí en estos momentos (en esa tierra extraña y oscura), te ruego que no te resistas. Busca profundamente esa parte de ti que está intentando agarrarte mientras caes hacia ti mismo.

Es imposible conocer a tu yo más expansivo (ese que es guiado por el corazón, tu espíritu) sin una caída libre hacia lo desconocido.

Si no logras sentir el suelo – *bien.*

Si no puedes respirar sin decir una plegaria
con cada respiración – *bien.*

Si no te reconoces y todo lo que tienes delante
te parece oscuro – *bien.*

Esto es lo que ocurre cuando el corazón se parte para abrirse. Así es como conocemos nuestra verdad más profunda. Primero el corazón partido; después la reunión.

Cuanto más tiempo le dediques a los ámbitos interiores, más empezarás a desprenderte de los pensamientos, los patrones y las creencias que no te sirven: los patrones y las creencias que bloquean y ponen barricadas alrededor de tu corazón. Éste es el don de la presencia. Cuando trabajamos para quitarnos las máscaras, descubrimos que nuestro espíritu nos conduce a nuestra propia sanación y nos ayuda a desenterrar a nuestro ser y nuestro corazón más auténticos.

La inmersión en mi interior me llevó a una locura y a una revelación que jamás hubiera imaginado. Por eso sé que si deseamos hallar la verdad, primero debemos conocer lo que no es verdad. Por eso sé que no debemos desanimarnos o asustarnos si lo primero que encontramos al visitar nuestro silencioso mundo interior es dolor. El dolor que puedes encontrar es simplemente el clamor de la parte más abandonada de ti, gimiendo con alivio al ser tocada.

En el otro lado del accidentado dolor está el respiro, el cielo abierto, tu naturaleza intrínseca. Tu ser sin historias, sin cargas.

Esto es lo que te puedo prometer: que con la práctica, con perseverancia y con una gran ternura atenta, podrás penetrar el dolor y llegar a la sanación. Gracias a lo que descubrí en la soledad, pude dedicar mi vida a despejar espacios para que el espíritu pueda hablar, lo cual nos permite llegar a expresar con facilidad el lenguaje del corazón.

Ciertamente, no es necesario que te mudes al campo como lo hice yo para poder estar a solas (sin embargo, lo recomiendo encarecidamente si puedes hacerlo). Puedes usar el tiempo del que dispones para estar en silencio contigo mismo, para marinar la cualidad sagrada de tu ser. Antes de ser capaz de aprender de mi corazón, me dediqué a cuidar de mi mundo interior y entrar en la quietud. Antes de que mi trabajo comenzara a ayudar y a servir a otras personas, hubo una sincera y franca investigación y reflexión sobre mí misma.

Comprometerme a pasar tiempo a solas conmigo misma transformó mi vida. ¿Qué podría cambiar en ti si encontraras pequeñas maneras de hacer lo mismo para ti?

No hay dos experiencias en el viaje hacia uno mismo que sean iguales. Estar a solas puede despertar sentimientos de ansiedad en algunas personas y para otras puede ser una sensación de inmensa libertad. Inevitablemente, todos nos toparemos con algo doloroso. Es imperativo que aprendas a estar con tu dolor y con tus heridas estancadas. Cuando dejas de evitarte a ti mismo –y empiezas a escuchar intensamente y a seguir los atisbos y susurros de orientación que llegan a ti–, eres guiado hacia tu dolor y a través de él, mientras descubres la aceptación de ti mismo, el amor hacia ti mismo y la compasión a lo largo del camino.

Si tienes miedo de sentarte contigo mismo y de conocer a tu corazón y escucharlo, pregúntate si ese temor vale la pena, teniendo en cuenta la tristeza, la desconexión y la estática en las que a veces te sientes perdido. Pregúntate si el precio que estás pagando por hacerle caso a tu miedo vale el sacrificio de vivir en alineación con tu corazón.

Estoy razonablemente segura de que tu respuesta será un sonoro no, o al menos eso es lo que espero. Todo el miedo del mundo no puede justificar que dejes de experimentar plenamente ese exquisito regalo que es la vida.

PRÁCTICA   Sentarte y permanecer

Ahora, quiero que cierres los ojos y lleves toda tu atención a tu respiración, permitiendo que te confiera paz. En silencio, imagina que unas gotas de lluvia caen sobre tu rostro y cada gota de agua trae agua para tu tierra, tu cuerpo.

Permíteme que te pregunte, querido/a, ¿dónde estás viviendo mayormente tu vida?

Sé que le tienes miedo al silencio con el que en ocasiones te encuentras durante el día o al final de él. Sé que te apetecería huir de él, pero quiero que pruebes ese silencio y confíes en él. Cuando llegue, trata de verlo como una invitación a encontrarte con tu espíritu, con tu corazón, contigo mismo/a. Este miedo no es más que un profundo dolor del alma de alguien que se ha perdido y quiere conocer el camino a casa.

No tengas miedo de ti, ni de nada que esté dentro de ti. Confía en el amor y la bondad de tu ser, sabiendo que en el otro lado de este malestar, hay una reserva de amor incondicional. Busca en la parte más profunda de tu evitación y espera, mientras el corazón encuentra su camino hacia ti. Simplemente permanece en el silencio un rato más largo del que crees que puedes hacerlo… y luego un poquito más. Permítete recordar a tu ser auténtico.

Si aparece alguna carga o algún miedo en medio del silencio y eso hace que quieras salir huyendo, debes saber que por mucho que huyas no escaparás de esas cosas. Esos lugares aparentemente impenetrables son parte de ti y viven en ti, como una niebla que espera a despejarse. Pero antes de que la niebla pueda desaparecer, necesita tu atención. Parte de la sanación consiste simplemente en ver las enredaderas y los lugares brumosos que hay en nuestro interior. Cuando practicamos la observación, activamos la sanación espontánea. Si surge un pensamiento estresante, observa cómo llega y luego se va por su propia voluntad. Si no te involucras, se irá por sí solo. Observa esos pensamientos, esos lugares de tensión, como si fueran hábitos: intensos pensamientos habituales que llevan mucho tiempo contando la misma historia. Esos pensamientos no son quien tú eres; son sólo una la red que la mente ha tejido sobre tu verdadero ser.

Si te sientes solo/a en este lugar, con miedo a lo desconocido, o asustado por lo que podrías encontrar, lo único que tienes que hacer es comenzar a hablar a esos miedos, a esa soledad. Hazte amigo/a de todo tu ser, sentándote con todas las hermosas facetas de tu ser y observándolas. Esta vida es para ti, querido/a; por favor, no la pases encerrado/a en tu miedo. Descubre de lo que eres capaz aprendiendo a sentarte y escuchar a todo tu ser. Hay mucha sabiduría en tu interior. Eres muy noble al empezar a descubrir eso por ti mismo/a.

Te ruego que aprendas a detenerte para que puedas entrar plenamente en tu cuerpo, en tu esencia y en tu luz, para que puedas ser alimentado/a. Ser amado/a. Ser aceptado/a por ti. Y luego observa lo que ocurre con tu malestar. Con frecuencia, lo que sale de tu dolor es una apertura a la gracia misma que tú crees que te está evitando. Ese universo silencioso del que siempre estás huyendo es el hogar de la fuente más auténtica y eterna de tu ser.

Ahora, abre los ojos, inspira y espira profundamente y agradécete por estar aquí, por interesarte, por esforzarte por amar cada centímetro de ti.

Una vez que hayas aprendido a instalarte en el silencio y la soledad, puedes empezar a pedir orientación y apoyo, y a escuchar cuando te llegan. Si deseas crear resonancia con el amor, el primer paso es tener la intención y pedir que cobre vida. Pide eso para ti. Pídete a ti, o a las fuerzas invisibles que te apoyan, que esto te sea revelado.

Es posible que percibas unas pequeñas voces y unas llamadas desde lo más profundo de tu interior, pidiéndote cosas aparentemente aleatorias: *Sal fuera. Mueve tu cuerpo. Siéntate en silencio. Encuentra material de arte y crea.* Debes prestar atención a esas voces, pues te están ayudando, mediante pequeños pedidos, a hacer que ocurran cosas que harán que tu espíritu esté más *vivo*.

Cuando te conviertas en una persona receptiva, tu única tarea consistirá en escuchar y realizar. Cuanto más caso hagas de la orientación, más serás atraído hacia tu centro y tu fuente de sabiduría y amor. Este proceso te irá acercando gradualmente a la fuente que está dentro de ti. El amor y la bondad harán que vuelvas a la vida.

No seas receloso si tu orientación interna te dice que dejes una relación o un trabajo que está creando disonancia en ti y alimentando una parte oscura de ti. Debes escuchar. No tienes que actuar inmediatamente, pero debes escuchar. Escuchar y descubrir esto puede traer oleadas de desesperación, pérdida, soledad, miedo y tristeza, pero debes aguantar. Mantén tu intención y trata esas profundas peticiones con gran respeto. Espera con paciencia, con una apertura sensible, a que pase la tormenta y los residuos sean liberados.

Alinearnos con nuestra fuente de amor puede significar, y suele significar, enfrentarnos a cada parte de nosotros en la que no estamos correctamente alineados, en lugares de amor, trabajo y pensamientos. Para poder recuperar la unidad de tu cuerpo y tu ser, todas las incongruencias deben salir a la luz. No tengas miedo, incluso si la perspectiva es la agitación. Recuerda las prácticas que has realizado en estas páginas y ten la certeza de que eres capaz.

Cuando empieces a llevar a cabo tus peticiones, la voz de tu intuición se hará cada vez más fuerte y más rebelde. Dejará de ser como un susurro y se parecerá cada vez más a tu propia voz. Cuanto más respondas a la llamada, más sentirás el amor en tu cuerpo y más fácil te resultará respirar, moverte, crear y, sí, dar y recibir amor.

Honrar las llamadas de tu cuerpo es lo que sana la esencia de tu ser y hace que tu inteligencia sensible de amor y bondad vuelva a funcionar correctamente.

Cuando escuchamos atentamente, somos guiados hacia momentos, cosas, palabras y mundos que despiertan una profunda sensación de consuelo y alegría. Espero que seas un alumno de tu espíritu. Espero que llenes los pequeños rincones del mundo con cosas que *amas*. Espero que descubras que a quien debes aprender a amar más es a *ti* y que *tú* te enseñarás a ti mismo a hacerlo. Es a *ti* a quien más anhelas conocer, así que quédate en silencio… escucha… y sigue la orientación.

Esto no es arriesgado. La quietud y el escuchar te conducen a recursos no explotados de dones interminables diseñados sólo para ti. Ésa es la liberación en el nivel del alma, la cual te invita a llevar todos tus dones a la realidad y al mundo, y cuando lo haces, te eleva por encima del ruido frenético.

Si frotas unas hojas de salvia púrpura, éstas liberarán su intenso aroma; pero si no las tocas, mantendrán sus dones ocultos. Bajo el caparazón de las rocas duras, hay laberintos de cristal. Dentro de un árbol, detrás de la protección de la corteza, hay ríos de agua y savia. En el centro de una flor, hay un néctar suficientemente bueno como para convertirse en miel. En lo más profundo del centro de todos los seres vivos, hay un latido y una fuente de inmensa belleza. Valles, ríos, la luz de las estrellas. Nos maravillamos ante la vida que está fuera de nosotros, pero nunca contemplamos nuestro interior con el mismo asombro y reverencia. No descubrimos nuestra dulzura, nuestro cristal, nuestros ríos profundos de agua y savia.

Una exploración está esperando en nuestro interior, una aventura de despertar, pero tenemos que estar dispuestos a ir más allá de los gruesos bordes de nuestras cubiertas protectoras para encontrar lo que es exclusivamente nuestro.

12

Cultivar el amor
a uno mismo

El amor a uno mismo
es la curación de las heridas,
la anulación de nuestra historia,
de nuestros recuerdos de sufrimiento,
de todas las cosas
que nos alejan del amor.

El amor a uno mismo es extender la mano
y tomar nuestra propia mano.

Ahora que nos hemos adueñado amorosamente de los elementos desatendidos de nosotros mismos y de nuestra experiencia, y somos conscientes de ellos, debemos aprender a querernos como lo que somos: un ser humano sensible, fluido, que está aprendiendo. Debemos aprender a cultivar y fortalecer el músculo del amor. Para la mayoría de la gente, este músculo es muy débil, porque, sin que nos demos cuenta, nos han enseñado a odiarnos. Pero la cosa milagrosa que he aprendido de mi experiencia con el amor a mí misma y del *feedback* que he recibido de mis alumnos es que, una vez que empiezas a practicarlo, tu amor comienza a crecer y a llenar todo tu ser con muy poco esfuerzo o tiempo.

Es como si hubiera una fuente inactiva esperando bajo la superficie de la conciencia que, cuando uno se concentra en ella y la llama, hace erupción como un geiser para inundarte, impregnarte y apoyarte. Este amor es neutral y desapegado; es amor en su forma más pura.

Cuando irradiamos nuestro propio amor, somos como una medicina para el mundo. Cuando nos amamos a nosotros mismos, nuestros ojos dejan de escribir una historia de dolor en la superficie de nuestra vida. Aunque tengamos defectos y no seamos perfectos, empezamos a ver la vida desde un lugar de camaradería, comprensión y compasión. Cultivar y encontrar el amor a uno mismo es empezar a amar nuestra vida, y amar nuestra vida es amar *todo en la vida*.

La meditación y la práctica que comparto en este capítulo ha sido escuchada más de un millón de veces por personas de todo el mundo. Muchos de esos oyentes me han contado que sus corazones despertaron gracias a la simple práctica del amor a sí mismos. Algunos dijeron que los hizo llorar y expresaron que habían tenido un «renacimiento espiritual» que les cambió la vida.

Una mujer me dijo: «Pude sentir literalmente un cambio en mi interior que me decía que eso era lo que necesitaba para volver a sentirme plena: amarme a mí misma y escuchar a mi yo interior, porque me iba a decir lo que necesitaba».

Un asombroso número de personas admitieron que habían pasado la mayor parte de sus vidas distanciadas de sí mismas y que lo que produjo la mayor sanación fue su propio amor tierno. «Mi alma finalmente se siente tranquila después de cincuenta y un años de luchas y malentendidos, y realmente siento que he llegado a mi hogar», expresó una mujer.

Oír hablar de estas transformaciones me convenció de que es *imperativo* que aprendamos a amarnos a nosotros mismos *ahora*. Merecemos sentirnos en casa en nuestro ser, en nuestro cuerpo, en nuestro corazón y en nuestra vida. Tenemos que empezar a enseñarnos a nosotros mismos y a nuestros hijos a hacer esto. Hay amor, esperando como un sol en nuestro pecho, para afirmar nuestro valor, nuestro potencial y nuestra luz.

Tenía treinta y tres años cuando me dije «Te quiero» por primera vez. Y después lloré desde un lugar desconocido. Sentí como si volviera a atar otra vez los hilos que había roto años atrás. Lloré por las décadas que había pasado en desarmonía con mi cuerpo y con mi ser. Sin embargo, al decir esas tres palabras, empecé a reparar y mejorar ese diálogo. El amor y la aceptación que había estado buscando en mi vida ya eran míos, esperando a ser desenterrados y despertados. Tenía todo lo que necesitaba dentro de mí. Conocí por primera vez mi propia riqueza, mi sustento, y estaba más viva y era más real que cualquier cosa que hubiera conocido en mi vida. Mi derecho innato.

Dado que a la mayoría de las personas no se nos enseña a amarnos a nosotros mismos cuando somos pequeños, es fácil que nos separemos de nuestra perfección innata, y antes de que nos demos cuenta de lo que está ocurriendo, entramos en la tierra de la insuficiencia. A partir de esa sensación de no ser dignos de ser amados y de «no ser suficiente», nos pasamos la vida buscando maneras de llenar ese hoyo gigantesco en nuestra alma.

A las personas que van y vienen en nuestras vidas les decimos «ámame»; les decimos «dame lo que me falta»; les decimos «llévame a un amor más grande»; les decimos «sana lo que me duele»; les decimos «llena mi vacío». Decimos todas esas cosas, pero nunca encontramos a una persona capaz de darnos eso que buscamos tan desesperadamente. Y eso ocurre precisamente porque no podemos encontrar el amor «ahí fuera», pues ha estado «aquí dentro» todo el tiempo.

Después de mi revelación, comencé a decirme «te quiero», y a decírselo a mi corazón, todos los días. Empieza tu día diciéndote «te quiero». Estoy dispuesta a apostar a que tú también descubrirás que con la práctica diaria y con el tiempo, empezarás a notar un cambio. Aquello que antes se sentía vacío comenzará a llenarse. Aquello que antes se sentía como desesperación, empezará a sentirse como esperanza. Cuando eliminamos la división que habíamos creado dentro de nosotros y entramos en nuestra plenitud, iluminados desde dentro por nuestro propio amor y nuestra propia bondad, sanamos y nos transformamos.

Incluso hay datos que confirman el valor y la importancia de este tipo de cariño. En su libro *Good Morning, I Love You*, la profesora de psicología Shauna Shapiro cita estudios que muestran que la parte del cerebro responsable del crecimiento y el cambio se cierra cuando sentimos vergüenza y nos juzgamos, y se activa cuando expresamos compasión y amor hacia nosotros mismos. Nuestros cuerpos empiezan a florecer por nuestra atención amorosa; *nosotros* empezamos a florecer.

Cuando inicié mi práctica del amor a mí misma, sentí como si un capullo empezara a abrirse, pétalo a pétalo, dentro de mí. Eran mi cuerpo y mi corazón, relajándose y abriéndose por el amor con el que los estaba regando. La compasión hacia mí y el interés que estaba aprendiendo a mostrarme estaban ayudándome a sentir el éxtasis de mi propio ser. Estaban llevándome al lugar en el que se encuentra el amor, en lo más profundo de nuestro interior.

Cada día que procuramos amar a otra persona, debemos tratar de amarnos a nosotros mismos primero. Una vez que sentimos ese amor por nuestro ser, todo el otro amor que fluye hacia nosotros puede elevarnos a los niveles más altos de amor y alegría. Cuando dejamos de buscar el amor dando amor a otras personas o tratando de llenar huecos en nosotros mismos, somos capaces de recibir el amor como nunca antes. Y de darlo –sin expectativas– como nunca antes.

Si alguna vez te sientes consumido por sentimientos perturbadores de carencia y falta de valía, de dolor o de tristeza, prueba a detenerte y quedarte muy quieto. Luego, pon las manos sobre tu corazón y susurra: «Te quiero. Te estoy escuchando».

Te animo a que te hables con cariño todos los días, porque así es como nos desarmamos e invitamos al corazón a salir de su escondite. Así es como aprendemos a liberarnos de las relaciones dolorosas y a sanar las heridas que hay en nuestro interior.

PRÁCTICA El aliento del amor

Ahora, cierra los ojos. Si estás escuchando, deja que la música llene tus huesos y disuelva tus barreras. Permítele que levante el velo entre los mundos... deja que te ablande... Respira.

¿Te puedo preguntar qué es lo que ves cuando sostienes un espejo delante de ti?

¿Te ves a través de los ojos del amor?

¿De la compasión?

¿De la bondad?

¿Te ves como una obra de arte en evolución?

¿O ves las arrugas de tu ceño fruncido?

¿O la vergüenza oculta detrás de tus ojos?

¿Cómo te ves?

Por favor, coloca una mano sobre tu corazón y la otra sobre tu estómago. Sostente con amor y repite conmigo:

Te quiero; te estoy escuchando.

Cuando te dices esto, ¿puedes sentir que surge una cualidad de presencia dentro de ti? ¿Es el yo que llega cuando tocas tu corazón y le hablas amorosamente? ¿Eres capaz de reconocer al yo inmaculado que vive dentro de ti?

Éste es tu yo sin una historia. El tierno amor que vive dentro de ti. La suave luz. El yo libre de limitaciones, de identidades pesadas. Qué hermoso/a eres detrás de tu imagen.

Sin dejar de tocar tu corazón, con la cabeza ligeramente inclinada, repite otra vez conmigo:

Te quiero. Te quiero. Te quiero. Te quiero. Te quiero. Te quiero. Te quiero.

Te mereces todo el amor. Perdona a cualquier fuerza que te haya hecho creer otra cosa. Perdona a los otros corazones que han perdido su propio amor. Perdona a las otras manos que hacen daño y a los otros seres que están sufriendo. Recuerda el manantial que hay dentro de ti. Despierta a ese amor.

No te falta amor, querido/a. Es tuyo y está aquí, dentro de ti, en todo momento. Éste es el aliento del amor que recorre todo tu ser. Hay un suministro infinito de amor. Sólo tienes que estar presente y beber de tu naturaleza. Eres amor, eres amor, eres amor.

Respira, tocándote suavemente. Inspira y espira, creciendo en belleza con cada inspiración. Deja de buscar fuera de ti.

Tómate un momento para darte cuenta de que tu fuente inagotable de nutrición y amor ha estado siempre dentro de ti, dentro de tu corazón. Descansa como ese amor.

Cuando el mundo se vuelve demasiado grande de una forma que no te permite sentir esta parte de ti, o cuando has olvidado prestar atención a tu propio ser, encuentra la manera de detenerte. Encuentra tu camino de regreso aquí. Sólo tú te puedes traer aquí.

Que hablarle a tu corazón sea lo más importante cada vez que te acuerdes de hacerlo, porque cuando lo hagas, tu sensación de necesidad y carencia disminuirá mientras encarnas tu belleza.

Aprende lo bien que puedes nutrirte utilizando tus propias manos, tu propia voz y tu propio corazón. Verás, cuando estamos en contacto con nuestro suministro inagotable de amor a nosotros mismos, podemos dar sin condiciones, podemos caminar sin llevar una carga y podemos sanar cualquier cosa que hayamos olvidado temporalmente en nuestra naturaleza humana.

Y en el caso de que te resulte difícil sentir ese amor instantáneamente, o simplemente sentirlo, te prometo que si eres serio/a, sincero/a y disciplinado/a, con el tiempo, un pequeño mundo de luz se abrirá dentro de ti y te llevará de regreso a tu corazón. Sólo sigue ofreciéndote amor, y empezarás a creer.

Nada está fuera de ti. Tu reino de realización está dentro de ti.

PARTE 2

MASAJE PROFUNDO DEL ESPÍRITU

Una pequeña semilla sintió que el sol de mi interés brillaba sobre ella y comenzó a extenderse hacia arriba a través de la tierra negra. Descubrí que en la oscuridad había vida, y que sólo estaba esperando pacientemente a ser alimentada por mi atención y mi dedicación amorosa. Mi dolor dio comienzo a nueva vida.

El objetivo de la segunda parte es apoyarte en los momentos difíciles en tu camino. Estas prácticas están diseñadas para ser tu balsa salvavidas mientras atraviesas la oscuridad. Recuerda: no te avergüences por encontrar cosas difíciles e incómodas; el dolor puede ser tu puerta de entrada a lo divino. Si no te aproximas a esos espacios con miedo, pueden ayudarte a revelar dones y fortalezas ocultos, y a desenterrar a un yo al que amas y en el que crees.

13

La resaca aletargada

Una versión expandida de ti está naciendo mientras la otra se desvanece dolorosamente. Sé amable. Hazte amigo de la fe y de la fortaleza. Éste es un proceso lento. No es fácil, pero es necesario.

Eres un peregrino de la conciencia espiritual. Estás dirigiéndote hacia la plenitud y debes enfrentarte a las grandes fuerzas opositoras. Tu liberación requerirá una verdadera determinación. Recuerda: sabes cómo sostenerte. Puedes calmar a tu propio cuerpo y a tu propia mente mientras avanzas entre los escombros.

No importa cuán lejos de estar completo te parece que está algo, siempre es lo contrario. La mayoría de las personas tira la toalla justo cuando está a punto de recibir los frutos de su esfuerzo. Mantén la mano sobre el corazón y la mente en silencio, y haz una respiración lenta y prolongada.

Fibra a fibra, molécula a molécula, estás llegando a tu hogar.

UNA CARTA DEL UNIVERSO

Reunirte con tu corazón y tu verdad no es algo lineal. Es más bien como avanzar pasando por cumbres y valles, por el invierno y la primavera, por la calma y la tormenta. Es recoger los pedazos después del naufragio y aprender a construir una embarcación más hermosa y más auténtica, una y otra vez.

Los nuevos despertares y conocimientos revelados en este libro y en ti se convertirán en una montaña de verdad. Estás aprendiendo a volver a alinearte con tu corazón y con tu ser, y ahora debes aprender a escalar la montaña de tu verdad. Ésta es una etapa poderosa en tu viaje hacia la plenitud, pero antes de que seas totalmente capaz de explorar el paisaje de tu versión más auténtica de tu ser, debes llegar a ser consciente de lo que encontrarás en oposición cuando intentes avanzar.

Algo que a mis alumnos les cuesta es mantenerse despiertos y centrados en el corazón. Descubren que entran en contacto con la verdad de su yo más expandido e iluminado y, al poco tiempo, vuelven a caer en los caminos llenos de baches, volviendo a sus antiguos y cansados comportamientos. Se abren brevemente y luego se vuelven a cerrar, aparentemente en contra de su voluntad y sin tener control de ello.

¿Por qué ocurre esto?

A mi entender, con cualquier impulso fuerte hacia delante hay una reacción opuesta igualmente fuerte. Estás avanzando a través de algo, lo cual significa que, al mismo tiempo, estás moviéndote en contra de otra cosa. A esto lo llamo *La resaca aletargada*. Es una fuerza muy poderosa que, al igual que la resaca del océano, te arrastra de vuelta al mar justo cuando has conseguido levantar la cabeza por encima del agua para respirar.

En esta práctica, puede parecer que esto es como dar grandes pasos hacia una forma de vivir y de ser inspirada en el corazón y luego, poco después, regresar dramáticamente a los viejos patrones, saboteando las elecciones saludables que hiciste y volviendo a blindarte con creencias y pensamientos negativos.

Cada vez que comprendía algo que me acercaba a mi libertad, sentía esta fuerza otra vez. Cuando más me centraba en el corazón, más fuerte era la voz o la energía que se oponía, como intentando alejarme de mi nueva apertura. Me hablaba en un tono de reprimenda que le restaba importancia a mi descubrimiento y me decía que no estaba volviéndome más expansiva, que me estaba engañando.

Durante un largo tiempo, pensé que ésa era mi voz y le permití que me arrastrara a la desesperación y la desesperanza, pero después me di cuenta de que ahí era donde me estaba equivocando. Empecé a percibir esa voz o esa energía como la fuerza que se opone a nuestra luz. Cuando logras un mayor impulso y una mayor comprensión, se vuelve ruidosa como rayos y truenos, creando una tormenta para tratar de distanciarte de la belleza y de la visión. ¿Por qué? Porque ése es su trabajo. En un momento de claridad, vi que no era nada personal y comprendí que era simplemente el trabajo de «el otro». No era personal, pero yo lo estaba convirtiendo en algo personal. Cuando salió a la superficie, me identifiqué con ella y al hacerlo volví a caer en ese abismo adormecido del que intentaba desesperadamente salir.

Si tú también has percibido que en tus estados más expansivos se asoma una sombra de desesperación, quizás te hayas encontrado con *La resaca aletargada*. Cuando sientas su presencia, enfréntate a ella serenamente con amor y expúlsala mediante tu respiración, porque esa fuerza no eres tú, sino que es un aspecto impersonal del inconsciente que está cumpliendo su función en tu viaje hacia la libertad.

Tú eres la luz. Tú eres la perla que se está creando
dentro de una concha en el fondo del mar.

14

Consuelo cuando
no sientes nada

La resaca aletargada también se disfraza de apatía o de insensibilidad. Éste es un síntoma habitual de que estamos desconectados de nuestro corazón y nuestro cuerpo sensible. Es la sensación de que, incluso con todo aquello por lo que nos sentimos agradecidos, no logramos apreciar, saborear o sentir las cosas buenas de nuestra vida. El sol brilla, pero no sentimos su calor. El día comienza y termina, pero durante las horas de vigilia no somos capaces de conectar con sinceridad con nada.

Esta insensibilización ocurre cuando estamos perdidos en una historia de sufrimiento y enganchados a una creencia o identidad que nos ha arrastrado hasta el lado oscuro. Así es como, en ocasiones, nuestros sentimientos y pensamientos inconscientes nos atrapan y alejan de nuestro centro del corazón y nos adormecen.

Si empezamos a creer que nuestra vida no está a la altura de cierto estándar, o si nuestra imagen se ve amenazada por algo que hemos hecho o dicho, podemos caer en un estado de insensibilidad en el que dejamos de estar conectados con el corazón y la fuente. Para volver al corazón y al fluir de la bondad, debemos abrazarnos con mucha dulzura en ese estado de insensibilización.

En ocasiones, después de haber tenido un período particularmente difícil con mis dos pequeños, caigo en un estado de insensibilización o de apatía. Entro lentamente en una historia conocida en la que soy la víctima y no tengo suficiente tiempo para mí, y mis niños me lo quitan todo. Normalmente, antes de ser consciente de lo que me está ocurriendo, me lamento y me siento desesperanzada, y en lugar de afrontar los pensamientos y sentimientos que están adheridos a esa creencia, me insensibilizo.

Con la práctica, me he vuelto experta percibiendo el diálogo interior antes de que se apodere de mí, e incluso cuando no lo percibo a tiempo, ya soy más diestra creando espacio para que mi yo sensible y mi corazón puedan volver a salir a la superficie.

Recientemente, por ejemplo, mi hijo de tres años tuvo una semana épicamente rebelde y empecé a sentirme agotada. Prácticamente no me quedaba energía para escribir, una actividad que siempre ha sido mi salvavidas para conectar con mi yo superior y mi entendimiento. Comencé a sentirme cada vez más afectada y a tener pensamientos de desaliento y desesperación.

Al sentir que la adormecedora insensibilidad empezaba a apoderarse de mí, le pedí a mi marido que cuidara de los niños para poder salir a caminar a solas por un bosque cercano que estaba cubierto de nieve. Me senté sobre un abedul caído y traté de buscar algún sentimiento dentro de mí, pero sólo encontré un espacio en blanco, vacío y palpitante. Me sentía totalmente indiferente, pero lentamente, ahí mismo en el espacio que había creado en torno a mi pasividad, otra voz empezó a pedirme pequeñas cosas.

Sigue las huellas del alce en la nieve, me indicó la voz.

Entonces escuché. Y las seguí. Mi atención salió de mí y se dirigió a la simplicidad natural de ese momento en la naturaleza.

Las huellas me condujeron al lecho de un arroyo, donde la voz me habló otra vez: *Ahora, siéntate aquí un rato y escucha.* Una vez más, hice lo que se me pedía. Todavía insensibilizada, pero ahora más concentrada en la belleza y en lo que era real en ese momento, me levanté y caminé un poco más. La voz continuaba repitiendo: *Siente la tierra, acuéstate sobre la tierra. Siente la tierra, acuéstate sobre la tierra.*

Tardé un rato en darme cuenta de que ésas eran mis nuevas instrucciones.

Me arrodillé sobre la fría nieve y me tumbé. Seguí las instrucciones de la voz y me acosté boca arriba, con los brazos bien abiertos. El cielo era extenso, cambiante, vacío, fluido. Ahí, en mi rendición, mientras observaba la danza entre el blanco y el azul, una grieta se abrió dentro de mí, mi corazón sensible. Pude sentir cómo me hinchaba y salía de la pequeña confusión de mi mente y me estiré sintiéndome agradecida por la sabiduría de mi propio ser, la voz de mi dulce corazón, que me estaba dando todo lo que podía para llevarme de vuelta a mi hogar.

Pude ver que mis hijos no eran cargas, sino regalos que me estaban enseñando a quererme y a amar a los demás. Cuando llegué a casa, los abracé y pude continuar el día centrada en la presencia, la paciencia y la aceptación, pero sobre todo en un corazón abierto y dispuesto.

Verás, incluso en nuestro entumecimiento, algo nos está hablando. Una pequeña voz en nuestro interior nos ofrece ayuda y alivio en nuestro cautiverio. Si en lugar de alejarte más del estado en el que te encuentras, eres capaz de crear un espacio para ser guiado e instruido, lo serás.

Desafortunadamente, debido a nuestro malestar y nuestro dolor, tendemos a mantenernos ocupados, en lugar de centrarnos. Nos llenamos, en lugar de vaciarnos. Creamos ruido y distracción, lo cual no nos permite oír qué es lo que necesitamos. Ése es el motivo por el cual permanecemos en estados de desarmonía más tiempo del necesario.

Si te cuesta oír la voz de tu dulce corazón, durante unos minutos simplemente trata de rendirte a tu sufrimiento y crear un espacio para escuchar. Quizás acabes de rodillas, con el corazón expuesto, en contacto con la tierra. Con frecuencia, lo único que tienes que hacer es rendirte para que el amor y la alegría vuelvan a ser tu foco de atención.

Tu fuerza está en la forma en que eliges moldear tus momentos, tus dificultades, tus dolores y las verdades difíciles a las que te enfrentas. No es tan importante saber qué ha ocurrido o por qué ha ocurrido, sino qué es lo que debes hacer cuando llegas a tu límite. ¿Sucumbes y te desmoronas, o respondes y te levantas? Si te concentras en aprender de esos momentos llevando lo que te atormenta a la luz de tu consciencia, ése será el único esfuerzo que tendrás que realizar para hacer sitio dentro de ti para sentir, para sentir realmente las bendiciones de tu vida sin bloqueos o cargas. Sé que esto es verdad, no sólo para mí, sino también para los cientos de miles de personas que escuchan mi trabajo.

Con ese tipo de atención a las cosas con que te encuentras, creas una apertura dentro de ti que te liberará.

La voz de tu dulce corazón no suena diferente que tu voz «normal». No trona o habla con un sonido distinto, porque eres tú hablándote a ti mismo. Normalmente las personas pueden oír la voz del corazón en las fronteras de sus pensamientos fabricados y estresantes. Puedes darte cuenta de lo que es porque llega para ofrecerte apoyo, tanto si te dice *Date un baño* o *Escucha música de Mozart*, o simplemente *Respira*.

Si te detienes y escuchas más allá de aquello que te preocupa, la oirás: es una voz que te anima de una forma tranquila y amable.

A menudo ignoramos esa voz y no hacemos sitio para que pueda ser escuchada. En lugar de eso, reciclamos los mismos pensamientos, lo cual nos provoca más desazón, y acabamos perdiéndonos en el embrollo. Lo único que tienes que hacer es bajar el ritmo lo suficiente como para poder oírla.

La insensibilización también puede verse como desesperanza. Para volver a encontrar la esperanza, para sentirnos vivos otra vez, debemos encontrar una vena que llegue al corazón. En lugar de decir «No siento nada», di «Quiero volver a sentir esperanza». ¿Puedes percibir la diferencia en la forma en que tu cuerpo registra tu petición de bienestar y confianza? Cuando le hablas a lo que está ausente detrás de la insensibilidad, expones el nervio al aire. Descubres que en realidad no es que no sientas nada, sino que estás sufriendo y pidiendo consuelo a gritos.

PRÁCTICA   Encontrar tu corazón en tu límite

Cierra los ojos y simplemente llega al momento presente. Percibe el sonido de la habitación que te rodea, el sonido de mi voz, tu respiración, el suelo que te sostiene. Entra en el momento presente buscando el dulce murmullo de la energía en tus dedos, en toda la fuerza vital que recorre todo tu ser. Una vez más, quiero que dejes la mente atrás y te permitas realmente llegar ahí, sin tus ideas, creencias, historias o heridas. Vacíate y coloca las palmas de tus manos abiertas hacia el cielo como señal de que estás renunciando a todas esas cosas.

La esperanza nace de la conexión con nosotros mismos. Nace cuando entramos en el cuerpo para oír las peticiones de nuestro espíritu.

Ahora, toca tu corazón, sintiendo el límite de tu desesperanza sin temerla, e invítate a colocarte en el borde con ella.

Permanece al lado de cualquier desesperación o dolor que puedas estar llevando contigo en el borde de un precipicio. Hay un valle que se extiende frente a ti y no hay nadie más, excepto tu anhelo y tú.

Declara lo que necesitas ahora; exprésale tus deseos más profundos a lo desconocido. ¿Qué es lo que más necesitas? Hazte la pregunta. ¿Es seguridad? ¿Fe? ¿Confianza? ¿O es amor incondicional y apoyo? Podría ser alivio o valor. Quizás necesites sentirte calmado/a, saber que estás bien, que estás exactamente donde necesitas estar. Dilo de tu propia boca. Hazte oír.

Encuentra tus necesidades y enfoca tu atención suavemente en el centro de tu corazón; mantente abierto/a a lo desconocido que está delante de ti. Pregúntale a tu yo interior, a tu corazón, si hay algo que necesita tu atención, algo que necesitas examinar y que quizás no lo estás haciendo.

Espera con una presencia silenciosa y receptiva. Fíjate en si puedes oír una voz respondiéndote. En ocasiones, nuestro dulce corazón no utiliza palabras, sino que nos inunda con una calidez y con oleadas de escalofríos para hacer que nos sintamos escuchados y para hacer que nos volvamos a emocionar. Busca el reconocimiento de tu corazón o cualquier palabra o idea que te llegue desde el éter. Si no te llega nada, quédate en el borde, despierto/a y consciente, simplemente disfrutando de este momento sincero.

Esto es hacer espacio para que tu dulce corazón te hable. La sanación está disponible en todo momento si la invitamos, si la pedimos, si escuchamos, si nos permitimos sentir nuestro dolor. Está siempre ahí en tu borde, esperando para eliminar los desechos.

En muchas sociedades chamánicas, si acudías al chamán o al curandero diciéndole que te sentías desanimado, desolado o deprimido, te hacía una de estas cuatro preguntas: ¿Cuándo dejaste de bailar? ¿Cuándo dejaste de cantar? ¿Cuándo dejaste de sentirte fascinado con las historias? ¿Cuándo dejaste de encontrar consuelo en el dulce territorio del silencio?

Ahora me gustaría que continuaras avanzando, estableciendo algún tipo de práctica diaria en la que digas lo que necesitas. Recuerda cómo bailar al lado de tus dificultades, recuerda cómo hacer dormir a tu dolor con tu canto, recuerda cómo encontrar refugio en el silencio.

Cuando comiences a sentir un peso sobre tu corazón o que la insensibilidad empieza a apoderarse de ti, acepta la invitación al crecimiento y la expansión; deja la carga, sal de la inercia y despierta tu amor. Esto ayudará a sanar las aguas de esta Tierra, esto ayudará a que veas todo lo bueno que está más allá de las pequeñas partes que gritan. Esto te ayudará a atravesar tu dolor y entrar en la gracia que está floreciendo al otro lado.

Ahora, puedes abrir los ojos.

Felicítate por vivir despierto. Verás, incluso cuando piensas que estás insensibilizado, estás muy vivo.

15

Consuelo para
el profundo sentimiento

La marea empezará a cambiar en respuesta al grito de un millón de voces que no han sido escuchadas en tu interior.

Cuando pierdas el deseo de culpar, de sentir miedo y dolor, empezarás a inclinarte lentamente hacia la luz.

Empieza por elevar tu mirada hacia el cielo. Observa la respiración con mayor frecuencia. Aterriza en el espacio que hay entre los pensamientos.

El peso que has estado cargando caerá a la tierra a tus pies y un fuerte sentimiento de esperanza y liviandad comenzará a extenderse desde tu centro, llenando las grietas y las fisuras. Si descubrieras que has regresado a la oscuridad, podrás impulsarte hacia arriba y lejos de esos estados de sufrimiento con mayor rapidez.

La luz ha estado ocupada penetrando en tu oscuridad. Sentirás esto como un surgimiento sutil de la aceptación y una paz profunda ahí donde antes no existían.

Después de haber saboreado el gran amor que está en tu centro, aprenderás a confiar en todo lo que eres. Al principio será un proceso lento y después será cada vez más intenso.

Cuando empieces a elegir las cosas que te acercan más al amor, todavía tendrás que enfrentarte a las aguas estancadas en tu interior. Para encontrar más luz, tendrás que vadear a través de un poco de oscuridad turbia.

Tienes que mantener tu verdad y seguir avanzando. El descubrimiento más doloroso al que te enfrentarás es darte cuenta de que todavía hay una parte de ti que está abandonada: tu ternura. Cuando entres en contacto con ella, se abrirá un dolor como ningún otro. No permitas que la magnitud de ese sentimiento te asuste. Simplemente estás tomando consciencia de que habías dejado atrás una parte de ti. Sentirás como si te estuvieras reuniendo con un gemelo o un espíritu afín al que no veías desde hacía mucho tiempo: sumamente vulnerable, pero fundamental para tu retorno a la plenitud.

Ahora que estás en contacto con tu ternura, has vuelto a nacer. Y como en todos los nacimientos, hay una agitación agresiva de energías, una presión que se va acumulando y una liberación final. Mientras te mantengas firme en tu decisión de vivir en armonía con tu corazón y tu verdadera naturaleza, pasarás por esa turbulenta fase de nacimiento con gracia. Éste no será tu último nacimiento. Experimentarás muchos nacimientos a lo largo de tu vida. Y todos son para tu mayor bien.

No temas a las grandes fuerzas que viven dentro de ti. Estás convirtiéndote en tu yo más increíblemente poderoso. Lo que estás experimentando es una tormenta de una gran belleza. No permitas que nada te convenza de regresar a tu pequeñez, porque ahora estás avanzando hacia tu mayor potencial.

UNA CARTA AL UNIVERSO

No soy inmune a la hambrienta sombra de la oscuridad que deambula en el viento a través de la noche vacía, buscando alimentarse de algo tierno.

No soy inmune al malestar que excava profundamente y esconde cada migaja de bondad a mi vista cansada.

Pero tampoco soy inmune a la luz que aumenta su fuerza alrededor de lo que se ha oscurecido.

No soy inmune a las feroces ráfagas de gracia que vienen a golpear con garra y gancho desde la médula y el rango.

No soy inmune a la oscuridad, pero tampoco lo soy a la benevolencia y la belleza que trabajan incansablemente para liberarme.

A menudo, cuando empezamos a conectar con nuestro corazón, no estamos preparados para esa montaña rusa. Es posible que nos sorprenda la magnitud del amor que nos es revelado y la alborotada agitación del miedo puede aparecer gritando desde puertas que creíamos haber cerrado para siempre. Es por eso por lo que es tan importante que cuando entremos en comunión con este sabio corazón estemos preparados para renunciar a nuestras defensas y confiar en lo que surja de las sombras. En cualquier momento, tanto si lo que surge es un amor prodigioso o un dolor implacable, nuestro corazón nos guiará y nos enseñará a sanar las heridas que nos han impedido estar totalmente centrados en el corazón.

Llegar a estar centrado en el corazón es un viaje por etapas. Llegaremos a muchos niveles de comprensión, a veces a través de un trabajo que incluye un terrible colapso de nuestra controlada mente y nuestra ordenada realidad. La recompensa, por supuesto, es llegar a una nueva meseta de amor y revelación.

Debemos soportar el desmantelamiento de todo lo que nos mantiene separados de nuestro corazón. Una y otra vez, se nos pedirá que nos elevemos, que volvamos a nacer a un amor más grande. Ninguno de nosotros es inmune a la hambrienta sombra de la oscuridad.

Ahora, vamos a hacer que nuestra oscuridad salga a la luz y vamos a darle la calidez de nuestra atención. Tenemos mucho que aprender de los dominios de nuestra sombra, de hecho, más que de nuestra luz. Para entrar en armonía y asociación con toda nuestra inteligencia, es importante que escuchemos a aquello que nos duele. El dolor feroz, descontrolado y agudo de las partes de nosotros mismos que hemos perdido o repudiado nos habla en la forma de pánico y ansiedad, depresión e inercia. Si queremos llegar a estar adecuadamente alineados, debemos darles nuestra atención amorosa.

Piensa en un árbol. Cuando contemplas un árbol, con frecuencia sólo ves flores, hojas y un tronco grueso, sólido. Pero hay otra parte que no vemos, una parte que está enterrada profundamente en la tierra y que está entrelazada con piedras y arenilla. Debajo de la superficie vive un intrincado sistema de raíces que llegan hábilmente hasta las cosas que ayudan al árbol a crecer, una compleja red de vida que no está a la vista y está en completa oscuridad. Ahí es donde el árbol recoge todo su sustento. Si no fuera por la tierra oscura que envuelve fuertemente la mitad de su cuerpo, no habría árbol, ni brotes ni floración.

Como ocurre con el árbol, la mitad de nosotros crece sobre la superficie y la otra mitad por debajo de ella. Pero a diferencia del árbol, nosotros le tememos intensamente a esa oscuridad. Y ese miedo palpable es lo que hace que repudiemos, ignoremos y rehagamos la mitad de lo que somos.

¿Qué dice esto de nuestra relación con nuestras propias raíces? Dice que sólo rezamos para la floración, ignorando el hecho de que sin raíces y oscuridad no hay flores.

Cuando estiras tus raíces cada vez más
a través de las piedras y el fango,
sólo pueden ocurrir cosas buenas.
Así es como encuentras nutrientes
para la corona de hojas
que pronto usarás.

Cuando viajamos al mundo subterráneo y a nuestra propia opacidad, quizás no baste con identificar un sentimiento y dejarlo pasar. En ocasiones, el dolor es más nebuloso que un sentimiento. Cuando estamos en el terreno del pánico, la ansiedad, la depresión y el estrés intenso (al que yo llamaría miedo intenso), se nos está mostrando lo que necesitamos para el nacimiento de una mayor conciencia. Tenemos que aprender a agarrarnos a nuestro corazón en la oscuridad. Esto no significa apretarlo, sino rendirnos. Significa abrirnos de par en par, contrariamente a nuestro instinto de cerrarnos y protegernos. En este lugar no necesitamos protección, necesitamos gracia, y para encontrar esa gracia tenemos que aprender a permanecer en lugares difíciles –permanecer ahí y ondear nuestra bandera blanca de rendición– mientras también reclamamos nuestra ferocidad.

PRÁCTICA   Invocar la ferocidad

Dicen que si la serpiente no muda su piel, muere. Si se aferra a la piel vieja durante mucho tiempo, ésta se adhiere al cuerpo como pegamento y la sofoca. Lo mismo se aplica a nosotros. Si no aprendemos a desprendernos de nuestra piel vieja, si tratamos de aferrarnos durante demasiado tiempo a lo que fue, nos arriesgamos a que nuestro espíritu y nuestro ser mueran.

Aunque el desprendimiento y el crecimiento son dos cosas inevitables, tendemos a resistirnos a ellos. El temor suele hacer que continuemos aferrándonos. Entonces el cuerpo, a causa de la confusión, empieza a funcionar mal. Cuando nos aferramos con demasiada fuerza, nuestro sistema natural se ahoga y perdemos nuestro sentido del suelo, del cuerpo, de los poderes sanadores físicos de la respiración y del edificante tamborileo de nuestro corazón.

Debes saber que cuando has llegado a un lugar en el que el gran temblor recorre tu cuerpo, un temblor tan fuerte que sientes que no podrás poner un pie delante del otro, has llegado a un punto de crecimiento. La persona que has sido hasta ahora simplemente no puede llevarte al otro lado. Debes entrar valientemente en este yo más expandido. Debes mudar de piel.

No debes tener miedo. Es tu espíritu el que te ha llevado a enfrentarte a esto. Te ha llevado a la puerta de tu propia expansión. Debes atravesar la dura costra de tu resistencia.

Cierra los ojos y ve a la puerta de tu propia compasión. Deja que tu miedo se coloque junto a ti. Y también tu pánico y tu agotamiento. Déjalos ser, sin juzgarlos o sin sentirte molesto/a, y deja que tu cuerpo haga lo que hace mejor. Respirar.

Coloca tus dos manos suavemente sobre tu corazón.

Inclinando la cabeza lentamente hacia tu pecho y tu corazón, da las gracias por todos los aspectos de tu experiencia, porque cuando agradecemos, vemos claramente los dones ocultos incluso en las grietas más oscuras.

Gracias, noches oscuras, porque me enseñasteis a ver
que la oscuridad es perforada por estrellas de luz.

Gracias, miedo, porque me revelaste mi valentía y mi
fortaleza inherentes.

Gracias a cada una de las partes que duelen, porque me
revelasteis mis poderes inherentes para sanar y amar
aquello que parecía imposible de amar.

Gracias, peticiones de ayuda desesperadas, porque me
revelasteis mi voz y mi anhelo de verdad y despertar.

Gracias a todos…

Ahora, con los ojos todavía cerrados, ponte de pie. Levanta el rostro hacia el cielo rindiéndote al misterio. Siente tus pies firmemente asentados sobre esta tierra, en este cuerpo, en este preciso instante. Manteniendo una mano sobre tu corazón, levanta la otra mano por encima de tu cabeza en señal de victoria. Imagina que es como una cuchilla que atraviesa la oscuridad. Éste es el aspecto que tiene tu ferocidad cuando tu corazón es tu pilar. El cuerpo y el rostro en suave rendición y asombro mientras esgrimen una claridad y una determinación decididas.

Ya es hora de que seas fiero/a. Debes declarar la propiedad de tu ser. Debes rugir incluso ante la noche más oscura, anunciando que crees en ti, que ninguna tormenta apagará tu luz; anunciando que aunque tu llama pueda estar temblando, la sostienes en alto por encima de tu cabeza, a pesar de todo.

Ahora, visualízate estirándote más allá de tus límites habituales. Anuncia que estás dispuesto/a a seguir adelante, a responder a las llamadas a crecer. Anuncia que estás dispuesto/a. No le temas al miedo; no corras. Ahora es el momento de rugir.

Cuando afirmes que tu espíritu es poderoso, iluminarás la oscuridad. Cuando escuches tu propia voz declarando propiedad, harás que tu creencia en ti mismo/a sea una realidad. Y cuanto más tiempo te mantengas firme, más se fortalecerá y se ampliará la luz a tu alrededor.

Es hora de alabar. Alaba tu viaje de descubrimiento y reunión con quien eres y en quien te estás convirtiendo. Alaba. Así es como votas por tu luz.

Ahora, puedes soltar la postura en la que estabas y descansar. Si quieres, puedes abrir los ojos.

Utiliza esta postura siempre que sientas que se te pide crecer. Yérguete como un modelo de luz, atravesando el fuego de tu falta de confianza. Debes creer que eres capaz de esto. Créelo y así será.

Ten valor, querido/a.

16

Tu dolor es válido

Una de las cosas que aprendemos en la infancia es evitar el dolor a toda costa. Y así, a menudo llegamos a la adultez dispuestos a hacer todo
lo posible para no sentir o para negar que estamos sufriendo. Ya es hora de que aclaremos este malentendido y esta confusión de una vez por
todas.

Tu dolor es válido.

Es posible que te sientas enojado porque no recibiste amor o porque el amor no estaba hecho a tu medida. Es posible que te sientas
impotente al enfrentarte a la angustia y la agitación que hay dentro de
ti, o simplemente al sentirlas. Tu dolor no tiene nada de malo. Es triste, sí. Es desolador, por supuesto que sí. Pero no es devastador. Nada
puede destruirte.

No eres una planta rodadora. Tienes la capacidad de tener el control. Es hora de que dejes tu apego al dolor, de que hagas trabajar al
músculo del amor a ti mismo y te vuelvas a alinear con el verdadero
latido de la vida. Considera a tu corazón y a tu ser como algo sagrado
y querido. Incluso cuando estés sufriendo un ataque del espíritu, ¡también te estás liberando! Si eres sabio, verás estos momentos de sufrimiento como oportunidades para llevar a una mayor parte de ti a la
verdad y la alineación. Esto significa no distanciarte de los sentimientos, sino mantenerte en el centro mismo de ellos y fortalecer los músculos que te ayudarán a quedarte ahí en tu más alto conocimiento.

PRÁCTICA   Invocar a la gracia y la bondad

Mírate las manos y estudia el cuerpo que eres. Coloca tus manos sobre tu corazón. Cierra los ojos. Quédate así un rato.

Permíteme recordarte que eres el propietario de este hogar. Ésta es tu tierra, tu jardín, tu reino. Todo lo que vive dentro de ti puede ser cuidado por los grandes poderes de tu amor.

No debes olvidar la sabiduría que posees. Oculto entre los pliegues de tu falta de confianza, se encuentra un poder que estás aprendiendo a reclamar ahora. No hay ningún dolor o herida que no puedas amar, que no puedas suavizar y calmar. Ésta es tu tierra, querido/a.

Busca dentro de ti la fuerza benevolente que te ha estado llamando desde el instante en que fuiste capaz de oír. Desde el momento en que diste esos pequeños pasos alejándote de ti, ha estado ahí, unida a ti por un hilo de oro: el cordón umbilical que te conecta con lo divino.

Cuanto más habites tu hogar, más se fortalecerá este cordón y se volverá a amarrar al amor del que estás hecho.

Debes invitar a lo divino que hay en ti a que te abrace, para permitir que te vuelva a llamar y para abrir tus sentidos a este viento de amor, respirando desde la tranquilidad de tu propio ser.

Todos olvidamos, pero a través de la gracia, el amor y el ahínco nos recuperamos de ese olvido. Te recuperas simplemente permaneciendo tan sereno/a como lo estás ahora, sin importar lo que esté ocurriendo en tu vida y en ti. Al dejar de apartarte de cada costra o cicatriz, aprendes a conectar con tu propia sabiduría y tu corazón.

Ahora, respirando suavemente, deja que las palabras *estoy dispuesto/a, estoy abierto/a, estoy renunciando a mis defensas* inunden y cubran todo tu ser. Deja que te acerquen a tu propio corazón y te alejen de tu tormento.

Ahora, ¿puedes introducir bondad al estado en que te encuentras? ¿Qué aspecto tiene la bondad? Encuentra un recuerdo de ella, o simplemente un sentimiento. Podría ser una suave caricia, podría sentirse como ser escuchado o ser abrazado, consolado o animado. Independientemente de cómo sea esa bondad, deja que se extienda por todo tu ser. Deja que la bondad tome los miedos y las preocupaciones o el dolor que puedas estar guardando en tu interior y los aparte; permite que esta bondad te abrace.

Yo estoy bien.
Tú estás bien.

Ahora, visualiza una imagen de la gracia. ¿Qué aspecto tiene la gracia? ¿Se parece al perdón? ¿O a la paz? ¿Se parece a la calma o a soltar? ¿O sientes que la gracia es como la gratitud espontánea? ¿Hace que tu corazón se sienta abierto? ¿O se parece al rostro de alguien que siempre se alegraba de verte?

Deja que cualquier aspecto que tenga la gracia quede registrado en tu conciencia amorosa. Ofrécetela sin ninguna condición o resistencia. Deja que sane aquello que necesite ser sanado en ti.

Te mereces esta gracia. La gracia ha estado esperando e intentando llegar a ti, esperando a que tú la llamaras.

Tu dolor es válido, querido/a, pero no es devastador, porque tú posees todos los poderes de sanación que necesitas. Ninguna otra persona puede hacer esto por ti.

Estamos pidiendo ayuda y somos nosotros los que debemos responder a nuestra propia llamada.

Ahora, al abrir los ojos, te encuentras en paz.

17

Enternecer el dolor

Las personas que más sufrimos somos las que no nos hemos permitido expresar nuestro dolor en el círculo seguro de nuestra propia compañía. Y entonces tratamos de infligir ese dolor a otras personas, pero el dolor infligido es un dolor mal expresado. La forma correcta de expresar el dolor es manteniéndolo en el amor. Eso lo suaviza, y no sólo evitamos que se extienda hacia fuera, sino que además ya no nos hace tanto daño.

¿Por qué continúo hablando del dolor? La vida es mucho más que dolor, ¿no es así? Sí, por supuesto. Pero pasamos tanto tiempo en la vida tratando de escondernos de nuestra sombra, que ya es hora de que le prestemos una atención amorosa.

Todos sufrimos. Yo sufro. Veo dolor en mis hijos, aunque son muy pequeños, y veo dolor en mis seres queridos, especialmente en su necesidad compulsiva de controlar y supervisar todas las cosas.

Veo dolor en todos nosotros.

Una vez más, esto no quiere decir que no vea también una gran cantidad de amor y de expresiones de alegría, pues esa parte es natural y se da con facilidad, pero nuestras partes de dolor están pidiendo ser liberadas y hay muchas cosas que no podemos ignorar.

Alimentamos nuestro dolor y dejamos que se encone y que se pudra mediante la evitación. Para llegar a estar centrados en el corazón, tenemos que evolucionar y salir de nuestro dolor, y todos podemos hacerlo si estamos lo suficientemente despiertos para permitirnos ver cada faceta de nuestro ser. Cuando estamos dispuestos a tomar conciencia, despertamos un mundo misterioso de sanación espontánea, compasión revolucionaria, perdón radical a uno mismo y una cualidad que quizás sea la más importante: el interés profundo.

PRÁCTICA   El dolor como portal a lo divino

Para volver a conectar con la parte de nosotros mismos que tiene un interés profundo, debemos reducir la velocidad hasta detenernos y luego conectar con la tierra que respira bajo nuestros pies y con el aire que es vida pasando a través de nosotros.

Entonces, ahora cerremos los ojos y aterricemos en este momento, en el ahora, y concentrémonos en la respiración.

En ocasiones, cuando estamos sufriendo intensamente, llegamos a desear que nuestra vida se acabe. Este sentimiento, aunque a veces pueda parecer un desprecio por la vida, no lo es en absoluto, sino que es una llamada a volver a conectar con nuestro corazón. Debemos tener cuidado de no concentrarnos únicamente en lo que nos hace daño en nuestro interior, porque debajo de ese dolor estamos vivos y estamos bien, estamos vivos y enamorados de nuestro corazón palpitante.

Quiero que pienses en alguna parte de ti que esté sintiendo dolor. Puede ser un recuerdo o algo que te esté ocurriendo actualmente, incluso un dolor físico. Créeme cuando te digo que ese dolor puede convertirse en tu portal hacia lo divino. Debes aprender a verlo como bondad, como una dádiva, una palma extendida que te guía hacia las aguas sanadoras.

Una mujer muy sabia llamada Ruby Sales me enseñó a hacer esta pregunta: ¿Dónde te duele?

Entonces, dime, ¿dónde te duele?

Siente el dolor de toda la desazón, la vergüenza, la tristeza persistente y el malestar general que a veces llegan con el hecho de estar vivo. Permítete conocerlo, no lo evites. Por el momento, permítete estar bien con lo que no está bien. Deja que sea lo que sea exista dentro de ti, sin condiciones.

Ahora, observa ese dolor y empieza a despertar algún tipo de respuesta de placer. Inspira profundamente y deja salir un profundo suspiro. Escucha y siente el sonido de ese suspiro. Nota cómo te proporciona alivio y una especie de gracia que envuelve a tu sufrimiento.

Ahora, colocando una mano sobre tu corazón, comienza a balancearte, meciéndote como lo harías con un bebé recién nacido. Todavía permaneces con tu dolor, pero ahora lo estás suavizando. Una vez que el filo de tu dolor se haya suavizado, deja que se deslice hacia abajo y se aleje de ti. Déjalo caer de tus brazos, de tus pensamientos, de tu mente. Deja que se torne impersonal. No hay necesidad de continuar sosteniéndolo o de volverlo a recoger.

Estas oleadas de dolor y tristeza son sentimientos muy reales, pero no son tú. Son sólo vientos pasajeros y olas que rompen en la orilla de tu gran belleza. Sigue meciéndote suavemente, evocando la alegría incluso en este desafío. Estás vivo/a. Esto también es un regalo. Tú y todo tu clima son, de alguna manera, una bendición disfrazada. Esto te acerca más a la fuente si estás dispuesto/a a recibir en medio de todo esto.

Reconoce que la capacidad de sentir, en cualquiera de sus formas, es un regalo. Somos afortunados de poder sentir tan profundamente, porque detrás de cada sentimiento, incluso de los sentimientos difíciles, se encuentra el amor. Sufrimos porque amamos profundamente.

Tu sufrimiento no es desolación, sino deseo: deseo de encontrarte con lo divino dentro de ti, deseo de conocer tu gran fortaleza.

Estás vivo/a y estás bien. Debajo del caos, estás vivo/a y estás enamorado/a de tu corazón palpitante. Cuando llegue el sufrimiento, debes saber que lo que añoras es tu propio amor por ti mismo/a.

Estás tratando de despertar tu capacidad de cuidar de tu propia vida y de tu propio ser. No te dejes engañar por las voces de tu descontento. Permítete conocer las necesidades que están ocultas detrás de esas voces. Siempre es el amor intentando ser visto; siempre es el amor pidiendo ser abrazado.

Abre los ojos mientras continúas abrazándote cálidamente. Sé sabio/a en tu poder presentándole el suspiro de la gracia y tu poderosa presencia amorosa a todo aquello que lo pida. Así es como enterneces tu dolor.

18

Comprometernos con lo que es bueno

Esto no es fácil; esas erupciones continuas que tienen lugar cuando nos proponemos estar centrados en el corazón no son fáciles. Esta vida que está floreciendo en ti, no es fácil. Estás aprendiendo a ver en la oscuridad. Aprendiendo a caminar sin que nadie que te tome de la mano. Aprendiendo a darte lo que no te fue dado cuando más lo necesitabas. Aprendiendo a elegir el amor cuando apenas estás aprendiendo, lentamente, a mostrarlo.

Esto no es fácil; tener que enfrentarte a ti mismo, eligiendo no darle la espalda a tu vida. No es fácil ver dónde están tus pies atascados en el lodo y estar en un lugar donde hay un patrón y un dolor tercos y repetitivos. No es fácil observar cómo te desempoderas y ver los aspectos que desearías que otra persona pudiera sanar para ti. No es fácil seguir siendo fuerte, suave y amable cuando estás continuamente aprendiendo y exponiéndote.

No es fácil. Sé que no es fácil. Pero quizás podría serlo. Si vemos la vida a través de la claridad de nuestro corazón, no vemos ninguna dificultad. Como ya hemos empezado a ver, la belleza no es bella sin la sombra de la oscuridad, de lo difícil. El contraste es vida; la vida es contraste. Nuestro yo centrado en el corazón ama todas las cosas.

No podemos desprendernos de una cosa y no de otra, de manera que sólo hay una opción: es amar los rostros de la sombra y de lo inesperado.

Si tu deseo es abrirte a tu vida, debes comprometerte a cuidar lo que es bueno y verdadero dentro de ti. Debes observar tu jardín interior, arrodillándote interiormente para cuidar de la tierra con amor, quitando las malas hierbas y la podredumbre y estando presente, independientemente de si hay una tormenta o hace mal tiempo, para que broten cosas bellas.

PRÁCTICA   Votar por el corazón

El corazón puede continuar latiendo a pesar del miedo y los pensamientos paralizantes. Un cáncer puede crecer en el cuerpo de una forma imperceptible mientras las manos pintan cuadros, escriben poesía y hacen el amor. En medio de las guerras, las madres continúan vistiendo a sus hijos para ir a la escuela.

A menudo, cosas opuestas viven unas al lado de otras.

Sufrimos, pero aun así debemos aprender a comprometernos a estar ahí con todo el sufrimiento, con una presencia que diga: *Estoy aquí, sin condiciones.* Aunque el dolor sea intenso y el cansancio intente hacer que nos quedemos dormidos, debemos levantarnos. Aun así, debemos comprometernos con los que es bueno y verdadero.

Siempre que sigas eligiendo prestar una atención amorosa y dedicación a tu mundo interior, estás haciendo lo posible para cultivar lo que es más importante. Cualquier cosa que sea difícil, ahora está junto a las cosas más tiernas y amorosas. Aquello que es temeroso se encuentra junto a lo audaz.

Ahora, cierra los ojos y observa si hay algo doloroso en tu interior. Fíjate en si hay algo que quieres evitar o a lo que quieres reaccionar negativamente. Fíjate en si hay algo encallecido o que simplemente no está en reposo o en paz. Permítele estar ahí, sin juzgarlo. Deja que baile alrededor de ti durante un rato.

Ahora, pon tu atención en tu respiración, sintiendo cómo sube y baja. Siente cómo ese motor natural funciona en favor de tu vida. Cómo tu respiración llega como una forma de gracia y amable compañía. Cómo el aire ofrece calma. Cómo el silencio de la habitación te ofrece su apoyo. Date cuenta de que estás junto a lo que es duro, pero también junto a lo que es amable y silencioso.

En este momento, tú has accedido a votar por tu corazón. Has accedido a ser valiente al amar y alimentar a tu verdadero ser. Al estar aquí en este momento, estás accediendo a no tener miedo, a aprender de tu valentía y tu compasión por tu vida. Estás votando por el corazón que está dentro de ti, por la bondad que tanto anhelas.

Sí, tu dolor sigue estando aquí contigo, pero no has huido. Has venido completamente a cuidar de la bondad y la verdad. Esto es valentía.

Valentía no es gritar palabras furiosas en habitaciones vacías; es calmar ese impulso y luego entrar en el mundo opuesto que está justo al lado. Al renunciar a la pelea, incluso en este preciso momento, creas dentro de ti un refugio al lado de lo insoportable.

Estás votando por lo que es verdad. Aunque el miedo y la furia surgirán, tú estás ahí para alimentar lo que es más verdadero, permaneciendo apaciblemente al lado de ellos.

No es fácil guiarte en dirección de la gran luz del amor, pero estás aprendiendo a hacerlo. Eres brillante en tus esfuerzos y te resultará cada vez más fácil. Confía en que tu cuerpo, tu inteligencia más interior, ya sabe cómo conducirte hasta ahí. Sé amable; hazte amigo/a de los diversos rostros que llaman a tu puerta. Permite que todas las lecciones de tu vida te iluminen, pero no que te atrapen. Deja que lleguen ligeras como plumas, inmersas en la gracia.

Abre los ojos. Te has comprometido a ser el lugar seguro donde todos pueden llegar; no permitas que ninguna intranquilidad haga que olvides esta promesa. En cada momento existe la opción de profundizar en tu compromiso, de defender lo que más anhelas, de comprometerte con lo que es bueno y de votar por tu corazón.

PARTE 3

LA INTIMIDAD BASADA EN EL CORAZÓN

Mientras exploramos el poder liberador de nuestro corazón, estamos aprendiendo a pensar sobre nosotros mismos y sobre nuestra experiencia de una forma más abierta. Podemos empezar a reconocer lo que significa vivir centrados en el corazón y ver cuál es nuestro papel en el despertar y permanecer despiertos en nuestro corazón. Cuando más permitimos que el corazón nos toque, más satisfechos y realizados nos sentimos, y más trascendente se vuelve nuestra vida.

Aunque en algún nivel ya hemos estado hablando de vivir centrados en el corazón en nuestras relaciones, esta próxima sección se centra específicamente en cómo estar centrados en el corazón con nuestros seres más queridos.

Para estar centrados en el corazón, tenemos que poner en acción nuestro compromiso de servir a nuestra naturaleza centrada en el corazón. Nuestras relaciones nos ayudan a aprender a través de la experiencia, no sólo conceptualmente, cómo practicar elegir nuestro corazón. Las relaciones nos proporcionan el invaluable regalo de ayudarnos a fortalecer nuestra dedicación, nuestra comprensión y nuestra acción en nombre del amor.

19

Dejar ir el amor condicional

Estás hecho de esta tierra antigua y salvaje. Respiras el mismo aire que todos los seres vivos que han existido. Eres tan poderoso como cualquier fuerza que está a tu lado. Empezarás a comprender esto realmente cuando penetres más profundamente en tu mundo interior. Cuanto más lejos llegues en tu interior, más amplias serán tu comprensión y tu percepción del mundo y de quién eres en esencia.

La alegría surgirá y expulsará todas las viejas creencias y estructuras. La alegría se derramará desde el centro de tu corazón y cortará los lazos con todas las relaciones, los patrones y los pensamientos que te atan. No dejará sitio para aquello que sofoca la belleza de tu ser; no dejará sitio para los comportamientos que te quitan vida, a ti o a las personas de tu entorno.

Mientras tu embellecimiento continúa, el espacio a tu alrededor empezará a vaciarse. Tu forma de pensar cerrada y tus pensamientos dolorosos se irán acallando y acabarán desapareciendo por completo. Ya no tendrán la atracción que solían tener. Si te vuelven a visitar, sabrás que no debes alimentarlos, porque no vale la pena destruir tu alegría. Sabes que eres más grande que todos los pensamientos que te empequeñecen y empequeñecen a toda la vida a tu alrededor. Te has expandido más allá de lo ordinario y has entrado en un espacio de libertad.

Te has encontrado con las aguas tormentosas de tu vida y ahora tienes una nueva comprensión. Has encarado el miedo que existía en tu interior y ahora tienes un corazón valiente. Has visto que más allá de las culpas hay un mundo de alegría y bienestar.

Una gran belleza se revelará ante ti en la vida sencilla, simple y normal que podrás vivir cuando empieces a liberarte de las ataduras, del miedo y de tu enfoque limitado.

Cualquier indiferencia hacia tu vida desaparecerá. Estarás desnudo y vaciado. De pie sobre la tierra con el corazón vivo, las manos abiertas, susurrando a los vientos divinos que te acarician: *Estoy aquí y me importa. Estoy aquí y me importa.*

Toda la vida bailará delante de ti en una salvaje sinfonía de gozo. Reconocerá tu largo viaje y tu valiente esfuerzo, y te dará el regalo de vivir la vida plenamente.

UNA CARTA DEL UNIVERSO

A menudo, la experiencia más dolorosa que tenemos como humanos es el aprendizaje por el que pasamos cuando amamos a otra persona.

Cuando nos comprometernos a amar, se inicia una maduración y una profundización del alma. Pero con este invaluable regalo, llega una especie de rompimiento del suelo interno. Las personas más cercanas a nosotros activan, reflejan, avivan y revelan tanto nuestra gran belleza como nuestra gran fealdad. Intentar amar es también experimentar una sincera revelación de nuestras tendencias y facetas más oscuras.

Si tenemos la intención (y espero que la mayoría la tenga) de descubrir la mayor cantidad de amor que podamos en esta vida, entonces debemos permitir que la persona con la que tenemos una relación íntima nos guíe hacia nuestros puntos ciegos, nuestros lugares más frágiles y carentes de amor. Una vez que hemos sido llevados al lugar en el que nos sentimos sorprendidos y mortificados por nuestro comportamiento poco amoroso, podemos comenzar el buen trabajo. El trabajo que nos ayuda a volver a estabilizar y alinear nuestro organismo y nuestro ser con la pureza del corazón.

A mí me resultó mucho más fácil aprender a quererme, a estar centrada en el corazón, cuando tuve que lidiar con mis luchas internas, privadas, que cuando se trataba de mis relaciones cercanas. Siempre me resultaba difícil ser amorosa si la otra persona no cumplía con mis condiciones. *Trátame de esta manera y me abriré y te amaré. Compórtate bien y sólo entonces te corresponderé.* Deseaba realmente vivir desde mi corazón, pero me daba cuenta de que tenía esta parte de mí sumamente terca que mantenía a una distancia y bajo un estricto acuerdo de amor condicional a todas las personas que amaba.

Esta forma condicional de amar en las relaciones actúa como un obstáculo para el amor. Para poder llegar a estar verdaderamente centrados en el corazón, debemos encontrar la manera de no actuar desde ese aspecto terco e indigno de nosotros mismos.

Ablandarnos ante la traición o la desilusión o el dolor nos parece tan dramático como invitar a alguien que te ha dado un puñetazo en el estómago a tomar una taza de té caliente en tu casa. Cuando nos provocan en el amor, esto nos parece una propuesta enteramente imposible.

Entonces, ¿cómo lo hacemos? ¿Cómo podemos abrir nuestro corazón cuando nos han hecho daño o nos han traicionado o herido?

La respuesta es: con la práctica. Practicamos ofrecer un poco de vulnerabilidad ante nuestros hábitos de ser hostiles y de cerrarnos. Cuando estamos al límite y nos sentimos empujados a enfurecernos con una persona amada o a cerrarle las puertas, en lugar de hacerlo debemos activar nuestra verdadera naturaleza. ¿Qué podemos ofrecer desde un lugar de compasión y fuerza, desde la claridad y la inteligencia? ¿Qué podemos ofrecerle a nuestra experiencia en la verdad y el amor?

Me estoy sintiendo enojada. Ahora mismo, no sé cómo elegir el amor. Tengo miedo de que me hagan daño. Tengo miedo de amar.

No tenemos que rendirnos completamente; sólo tenemos que dejar la puerta de nuestro corazón entreabierta para que el amor pueda entrar.

En el acto de darle voz a nuestros miedos y nuestra desazón, estamos abriéndole la puerta a la compasión y a la posibilidad de sanar. La primera palabra ofrecida que lleva la dulce suavidad del corazón suele ser la más difícil de pronunciar, pero una vez que lo has hecho, una vez que ha salido en el aliento y ha sido sentida en el corazón, desatará un torrente de amor. El viento soplará a tu favor, como una presa cuyas paredes se han roto, para sanar y llenar las brechas vacías y las heridas. Este comportamiento valiente deja una huella indeleble en nosotros que es necesaria para la activación esencial de nuestro corazón. La recompensa no llega de la respuesta de la otra persona (sus actos no pueden ser garantizados), sino de nuestro propio despertar y del hecho de haber elegido amar independientemente de las condiciones.

Después de dirigir una meditación para un grupo en un retiro, se me acercó una persona que quería saber cómo logro mantener mi corazón abierto. Ella había sufrido inmensamente en su infancia a causa de una madre maltratadora. Cada vez que intentaba abrir su corazón en la meditación, sentía una resistencia paralizante. Esa parte de ella que estaba profundamente asustada gritaba «¡No!» cada vez que lo intentaba. Ella quería vivir desde su corazón, pero no sabía cómo hacer para detener esa intensa resistencia al amor.

Le expliqué que yo también había tenido esa voz dentro de mí. Al haber crecido con terror a la vida y a que los actos de las personas que más quería me hicieran daño, también me había costado dejar entrar al amor.

Le dije que había pasado años luchando para proteger mi corazón. Con el tiempo, había empezado a ver a cada persona de la que me enamoraba como mi enemigo. En los conflictos, peleaba brutal e implacablemente, y después huía y me retraía. Cuando conocía a una nueva persona, juzgaba y criticaba su carácter porque eso me ayudaba a sentirme menos vulnerable a la posibilidad de que me hiciera daño. Cuando intentaba amar a alguien, siempre esperaba que ocurriera lo inevitable, esperaba las consecuencias. Eso es batallar *contra* el corazón. Esos actos eran mi forma de tratar de defender mi corazón, cuando en realidad lo único que hacían era causar un *profundo* dolor en mi corazón.

Le hablé de una ocasión en la que estaba caminando furiosa por el bosque después de haber tenido la centésima pelea con mi marido, cuando algo decisivo cambió dentro de mí. En medio de mi furia, mi corazón se abrió milagrosamente. Me detuve en seco y caí de rodillas sobre la tierra y lloré. Estaba abrumada por sentir el absoluto poder de mi corazón agitándose dentro de mí. Eso acabó con mi indignación y mi arrogancia.

Ya no podía ver a mi pareja como alguien que estaba equivocado o incluso separado de mí. La guerra en mi interior había cesado. La energía radiante del corazón me envolvió. Fui directamente a casa y abracé a mi amado, dejando que todas las partes de mi ser se abrieran en sus brazos. Sentí que la energía que irradiaba de mi corazón empezaba a abrir su corazón. Fue como si, en ese momento, nos fundiéramos y nos convirtiéramos en un radiante orbe de amor. Amor ilimitado. Eso. Eso era lo que yo quería. Eso era lo que había estado buscando. Ese amor era lo que siempre había querido sentir.

En esa experiencia vi que el corazón podía romperse, pero era indestructible y siempre estaba ahí para ayudarnos en nuestras dificultades. Todo cambió para mí. Nunca podría no sentir, u olvidar, el poder de mi corazón. Había probado lo que era que el corazón llenara todo mi ser y sólo quería sentir eso en cada momento de mi vida y por cada persona, incluso si no actuaba de acuerdo a mis deseos. Me di cuenta de que si abría mi corazón por completo, era capaz de manifestar, crear, instigar, alentar e invocar amor. Si tenía el corazón totalmente abierto, hacía que el amor fuera posible, no imposible.

Le expliqué a esta mujer que nadie podía quitarle las cosas que ella creía que otras personas le podían quitar. Este amor, este corazón que dedicamos tanto tiempo y energía a proteger, no puede ser dañado o robado. Es un recurso renovable. Estamos perdiendo el tiempo protegiéndolo; es nuestro y siempre lo será.

Algo de lo que le dije quedó registrado como una verdad en esta mujer. Me dijo que se sentía más liviana, aliviada. La historia que salió de mi corazón comenzó a abrir el suyo, y el ser de cada una de nosotras entró en el consuelo de un intercambio sincero.

No estamos aquí para estar separados y solos en nuestras vidas. El amor y la bondad es lo que nos sana y nos une al mundo que nos rodea. Nuestro desafío es ser testigos esmerados de todas las formas en que nos protegemos del amor. Buscar todas las otras maneras en que empezamos a insensibilizarnos con barreras sentenciosas e historias dañinas que hacen que nos cerremos y estemos solos con nosotros mismos.

Podemos hacer esto observando la primera señal de que nos estamos tensando y cerrando ante alguna persona o cosa. Cuando nos sentimos amenazados, empieza a producirse una aceleración de la energía dentro de nuestro cuerpo. Esto puede sentirse como una tensión en el pecho, la garganta o el estómago. Estas sensaciones constrictivas hacen que nuestra respiración se torne más superficial y corta, y los pensamientos dolorosos repetidos indican que tu organismo está sufriendo. Sufriendo enormemente. Esto significa que no estás en el fluir y la generosidad de la vida; significa que estás cautivo de tu yo sentencioso, crítico y carente de amor.

La autoprotección, la incapacidad de elegir la ternura frente a tu dolor, es una prisión autoimpuesta.

Nuestro instinto de «lucha o huida» está siendo activado en esos momentos de ansiedad. Inconscientemente, estamos utilizando ese instinto innato, cuya función es protegernos de los depredadores peligrosos, contra nuestros seres queridos. Pero esto es lo importante: Tenemos la libertad de elegir hacer algo distinto. Entonces, fíjate cuando intentas alejar a alguien e irte a tu isla segura. Regresa al momento o la persona que está delante de ti y desafíate a permanecer ahí.

Excava debajo de tu ira y tu miedo espesos y salvajes para encontrar tu intención: *para encarnar a tu corazón y ser amor.*

Aprende a ralentizar la dinámica de los juicios y los pensamientos críticos llevando sus cortos y temerosos movimientos a la respiración relajada, prolongada y consciente. Así es como sales de la tormenta de la mente y entras dentro de ti. Despierto. Consciente. Observando.

Sólo necesitas que se abra una rendija de ternura. Para ser apoyado por la divina gracia y el virtuosismo del amor, tienes que hacer tan sólo un pequeño gesto en la dirección el corazón.

Luego, abrázate con dulce compasión. Sólo sentimos la necesidad de luchar o huir cuando tenemos mucho miedo. Por lo tanto, debes decirte amorosamente que estás bien.

Invita a tu corazón a que sane y tranquilice incluso el miedo más grande dentro de ti.

Esto no significa que debas aceptar la mala conducta de otras personas si te están hiriendo y haciendo daño; quiere decir que te estás comprometiendo a relacionarte y actuar desde la perspectiva de la conciencia amorosa. Estás comprometido a dirigirte a la otra persona serena y amorosamente. Si es necesario, te alejarás de la situación, pero en paz, no con enojo.

Ésta es una práctica de entrar en el corazón. Es un músculo que debes aprender a trabajar si deseas profundamente tener una vida centrada en el corazón.

Cuanto antes puedas entregarle algo al amor, antes se aliviará tu dolor. Ya no tienes que llevar la carga tú solo. Esos dolores que mantenemos anudados sobre nuestros corazones son lo que nos está impidiendo estar plenamente vivos. Esa vida más satisfactoria que anhelamos la encontramos al renunciar a nuestro dolor y entregárselo al poder redentor del amor para que sea sanado.

Siempre habrá personas en nuestra vida que estarán atrapadas en comportamientos reactivos, poco compasivos, y en ocasiones nosotros también seremos esa persona en la vida de alguien. Lo único que realmente puedes controlar es la forma en que respondes y resuelves el problema. Cuando te niegas a reaccionar o a huir de la situación y, en lugar de eso, te centras en el amor y la bondad, creas un nuevo punto de ajuste en tu mente que dice: Mantente en el amor. Confía en el amor.

Mantente en el amor, mantén a los demás en el amor, y resiste en el amor mientras esperas a que la tormenta se calme.

Confía en el amor.

Confía en que todas las personas quieren ser su verdadera naturaleza de amor. Confía en que todas las personas desean una orientación y ejemplos de gente sana y amorosa. *Sé* ese ejemplo. Confía en que mientras hayas construido y honrado el amor que hay dentro de ti, otras personas te seguirán, otras personas responderán, y contribuirás a cambiar tu pequeño rincón en el mundo.

Éste es el buen trabajo. El verdadero trabajo. Llenarte con la luz del amor y luego ser un faro de esperanza para otras personas que están buscando el camino de regreso al hogar.

20

No hay elecciones equivocadas

En retrospectiva,
entenderás que toda tu vida
fueron elecciones que hiciste
una tras otra
en nombre del amor
o para conservar ese amor.

Ninguna es errónea,
sólo son elecciones que haces,
en algún sentido, en nombre de tu corazón.

En los meses anteriores a mi boda, una tormenta de increíble velocidad se arremolinaba dentro de mí. El miedo y la duda gritaban a través de mi cuerpo y mis pensamientos. Hasta ese momento, sólo me había comprometido con cosas pequeñas e insignificantes en mi vida. La fluidez y el desapego siempre habían logrado que me sintiera más cómoda. Inconscientemente, creía que comprometerme con algo, cualquier cosa, significaba que me enfrentaría de forma inevitable al fracaso, a mi fracaso.

A pesar de la claridad que sentí cuando acepté casarme con el hombre que ahora es mi marido, batallaba con mi increíblemente intensa y temerosa preferencia por evitar cualquier cosa que pudiera hacerme sufrir. Pero había otra parte de mí (mi corazón) que insistía en que confiara en el proceso y el desarrollo de las cosas.

Afortunadamente, seguí a mi corazón y elegí el amor. Elegí amarlo. Y digo «afortunadamente» porque seguir adelante con la boda hizo que se iniciara un proceso de crecimiento dentro de mí que nunca hubiera sido posible si hubiese continuado con mi desapego y viviendo sólo en la superficie. Mi marido sigue ayudándome a ver dónde tengo más miedos, dónde elijo librar una guerra y cuáles son los lugares solitarios en mi interior que no son accesibles para el amor.

Aunque hemos tenido épocas poco agradables en nuestra relación, hemos aprendido a elegir la armonía y crearla. Nos llevamos a nuestros puntos ciegos el uno al otro y utilizamos esas revelaciones para abordar la vieja acumulación de nuestro dolor. Nos esforzamos por abrirnos mutuamente, incluso cuando estamos enfadados, con la disposición de vernos y escucharnos de verdad. Somos la herramienta sagrada el uno del otro. Nos ayudamos mutuamente a evolucionar.

Llevamos ocho años casados y sabemos que cada uno de nosotros hace que el otro sea una mejor persona. Hemos traído al mundo dos niños dulces y hemos creado un hogar y una existencia hermosos, rodeados por la naturaleza, y sin embargo, debajo de la inmensa belleza de todo lo que tenemos, la voz de la duda sigue apareciendo:

¿Cómo sobreviviremos a la vida cuando los niños hayan crecido?

¿Podremos volver a conectar con el otro miembro de la pareja?

Somos tan distintos.

Quizás estaríamos mejor con otra persona.

El miedo sigue estando ahí como un muro de fuego que intenta mantenerme a salvo del dolor que podría llegar algún día... o quizás no. Esa voz me impide vivir completamente con un corazón abierto. Aunque podemos pensar que estas voces nos protegen, en realidad crean distancia entre nosotros y nuestras elecciones, y hacen que una parte de nosotros no esté disponible para el amor.

Un día, hace un tiempo, mi marido y yo tuvimos un desacuerdo particularmente agresivo, y yo me retiré a una habitación tranquila para encontrarme con el dolor de mi inflexibilidad. Bajé el ritmo, respiré y elegí enfrentarme al sentimiento desagradable que se erguía entre mi corazón y yo. Colocando una mano sobre mi corazón, le pregunté a la parte más profunda de mí qué era lo que más necesitaba oír en ese lugar de desazón. Una respuesta me envolvió como una manta de cachemira: No hay elecciones equivocadas.

Cuando oí eso, cada milímetro de mi cuerpo se ablandó. La sensación de tensión que tenía desde hacía años, súbitamente desapareció. Y entonces lo vi: el temor oculto a «hacer la elección equivocada», el miedo oculto a mi propio fracaso. Cada vez que se producía un conflicto entre mi marido y yo, gritaba: «¡¿Lo ves?! ¡Ahí está! ¡Has hecho bien en no someterte por completo a él! ¡Lo sabía! Gracias a Dios que no confiaste totalmente. ¡Gracias a Dios que no amaste completamente!».

Esa voz, esa preocupación, esa creencia, estaba operando por debajo de la superficie de la relación más valiosa de mi vida. Como un grifo que se deja abierto, estaba drenando lentamente la belleza de nuestra unión.

Mi corazón me ayudó a reconocer esa voz de sabotaje y lo sustituyó con fe y confianza. Me dijo que, incluso si todos mis miedos resultaran ser correctos, nada (ni siquiera una elección hecha en nombre del amor) estaría mal.

Cada relación, independientemente de si tiene «éxito» o si «fracasa», nos lleva a una comprensión de nosotros mismos a la que nunca podríamos llegar de otra manera. Las relaciones nos ofrecen unos despertares valiosos y únicos de nuestro espíritu. Incluso podríamos calificarlos como «negativos» o «positivos», pero no dejan de ser despertares, y producen revelaciones. No hay necesidad de crear una barrera entre las personas a las que amas y tú. Las personas que se atreven a amar dan y aprenden muchas cosas.

Esperar a que algo vaya mal, esperar a que nuestra pareja nos abandone, esperar a la confirmación de que, sí, de hecho elegimos mal, es como aguantar la respiración debajo del agua. Es decidir que el amor está destinado a fallarnos. Esto mantiene a todas las personas que amamos a una distancia. La consecuencia de esta creencia es que se vuelve demasiado fácil para nosotros cerrarnos ante las personas que más amamos, y crear fricción y guerra entre nosotros. La calidad de nuestra vida se ve afectada y cada vez estamos menos disponibles para el amor.

Cuando notes que estás sintiendo enojo o malestar con un ser querido o con un empleado o un amigo, en lugar de marcharte, busca la luz que está detrás de tu enfado. Descubre la verdad que está tratando de salir a la luz, preguntándote:

¿Por qué estoy eligiendo crear disonancia con esta persona y, a su vez, conmigo mismo? ¿Por qué estoy negándome a amar? ¿Qué es lo que me estoy negando a sentir?

Es posible que escuches esto:

Tengo miedo de no ser amado.

Tengo miedo de ser abandonado, de no ser suficientemente bueno, de que me roben mi amor.

Le tengo miedo a la vida. Tengo miedo de que la vida no sea amable. De que si no peleo, seré víctima de un gran daño. Que nunca me recuperaré. Que una vez que me hayan hecho daño, no seré capaz de recuperarme.

Soy débil, frágil. No valgo nada. No merezco el amor.

Estas voces están delante de nuestro corazón. Son como tiranas que protegen nuestra vulnerabilidad. En los momentos en los que estamos verdaderamente alineados con nuestro corazón, estas voces no hablan. Estas voces no tienen ningún poder. Cuando estamos centrados en el corazón, sabemos que estamos hechos de amor, perdonamos y dejamos ir a aquellas personas con las que estamos en conflicto, soltamos el dolor y entramos otra vez en la armonía y el amor. Al otro lado de estas voces, está nuestra verdad. La realidad es lo opuesto a lo que nos están diciendo:

Yo soy amor. Nunca me falta amor y nadie me lo puede robar.

Soy suficientemente bueno/a. Confío en la vida. La vida es amable. No hay ningún dolor tan grande que no pueda ser alimentado por mi amor y mi bondad.

Soy fuerte. Mi valía no se gana. Ya soy todo lo valioso/a que puedo llegar a ser.

Al tomar consciencia y comprender, dejas de vivir la vida temiéndole al amor. La luz que enciendes dentro de ti cuando estás centrado en tu corazón comienza a sanar y acaba con los dolorosos patrones de defensa y batalla. Empiezas a dejar libres a las otras personas. Ya no te apegas de una forma enfermiza, porque tienes el poder de tu esencia vivificante y de la fuente.

PRÁCTICA   La semilla de la plenitud

Cierra los ojos y encuentra descanso en tu cuerpo, en tu vida, en este momento. Suspende todos los otros deberes y todas las tareas. Tu tarea en este momento es soltar.

Ahora respira..., coloca una mano sobre tu corazón y la otra sobre tu vientre... y respira.

Fuiste concebido/a como una semilla entera y perfecta. Lo único que podrías necesitar se encuentra en el centro mismo de esa semilla, en el centro mismo de tu ser.

Imagina que tu cuerpo es un bulbo de vida perfectamente redondo y rico.

Dado que a todos nosotros se nos indicó que debíamos salir de ese bulbo, buscamos fuera de nuestra riqueza personal. Nos alejamos de nuestro epicentro, de nuestro centro vital. Y nuestra semilla se partió y comenzó a fragmentarse.

Imagina que tu cuerpo es un bulbo de vida perfectamente redondo y rico que ahora está fragmentado y destrozado. En tu búsqueda de amor, respeto, valía, adoración y sustento, una franja se desprendió y se alejó de tu centro. Cada juicio, cada palabra hiriente pronunciada, cada barrera creada entre los demás y tú tuvo como resultado más franjas.

Las relaciones pueden indicarnos dónde nos separamos de nuestro origen amoroso y de nuestra totalidad, y entramos en la carencia y la defensa. Nuestras relaciones son nuestras herramientas sagradas, y si lo deseamos, nos enseñan cómo llevar los hilos separados y fracturados de nuestro ser de vuelta al hogar y al centro.

Pueden conducirnos de vuelta a la abundancia de nuestra semilla original.

Cuando sientes que tus patrones de juicio comienzan a encenderse, o el enojo inunda tu cuerpo, visualiza tu semilla de plenitud. No pongas en peligro la salud de esta semilla reaccionando con malicia o exclusión; en lugar de eso, escucha la voz de la sanación en tu interior.

La parte de ti que es terca y no está dispuesta a abrirse al amor es el aspecto más triste y más solitario de ti. Observa con inteligencia qué partes de ti se empoderan con tus comportamientos y tus elecciones. No seas complaciente con tu sanación. No caigas otra vez en los patrones de sufrimiento. Permanece en el asiento de tu perfección. Niégate a separarte de tu plenitud. Sé fiel a quien realmente eres.

Busca dentro de ti las cosas que has estado deseando que te confirme alguien fuera de ti. ¿Estás esperando que te digan que eres valioso/a? ¿Estás esperando que finalmente alguien te diga que eres bueno/a? ¿Estás pidiendo respeto y adoración?

Sea lo que sea que estás pidiendo de otras personas, debes dártelo tú. Todo lo que solicitamos de otras personas es lo que más necesitamos darnos a nosotros mismos.

Desde la plenitud, amamos. Aliviamos y calmamos los corazones de otras personas. Damos, nos abrimos, empoderamos, alimentamos, sustentamos. Damos vida.

No hay ninguna necesidad de defenderte y manifestarte contra el amor, contra otras personas. Eres una semilla de plenitud perfecta. Es hora de que recuerdes que nada puede amenazar eso; eso es lo que eres en verdad.

No se supone que ninguna de nuestras experiencias deba ser arrancada por nuestros dedos o que deseemos que se aleje con nuestra respiración. Se supone que debemos vivirlas de la forma que elijamos hacerlo. Entonces, si lo que deseas encontrar es amor, deja que otras personas te revelen dónde está más atrincherado.

Acepta bailar, con los rostros que condenas y juzgas, los momentos que vives con miedo. Di: «Bienvenida, querida tensión alrededor de mi corazón. Estoy preparado/a para ver cómo debo levantar el velo desde este lugar ahora».

Así es como pasamos del victimismo a la mismidad poderosa y valiente.

No hay ningún lugar donde descansar, excepto tu propio acuerdo de ser humano/a y vadear a través de lo hermoso y lo aterrador. Si eliges hacerlo, puedes reconocer que cada espina que quitas es un lugar por donde tu luz saldrá y, con el tiempo, te inundará con amor.

Ahora, abre los ojos. Ahora, sigue adelante, recordando la imagen de tu semilla que ya está completa. Cuando te mantengas anclado/a en lugar de separarte, un conocimiento nunca antes revelado caerá como una ciruela madura a tu canasta.

Tu cosecha de luz y sabiduría proviene de las relaciones. Utilízalas. Ámalas. Y permite que te muestren cómo amarte a ti mismo/a y amar esta vida maravillosa.

21

Cuando hacemos daño en lugar de amar

En los momentos más difíciles en nuestra condición de humanos, hacemos daño a nuestros seres más queridos. Cuando reaccionas con malicia y críticas, sientes como si estuvieras viendo una parte perdida de ti mismo. Quizás hagas un gesto de dolor ante cada golpe, cada palabra y cada acción que no están en alineación con el amor que tanto te esfuerzas por expresar. Habrá momentos devastadores en los que romperás tu propio corazón. Es difícil tener sabiduría, intención y comprensión, y seguir comportándote de una forma que le hace daño a otra vida humana.

No hay ningún lugar tan doloroso como ése: después de la guerra, cuando te sientes vacío y profundamente avergonzado de ti mismo. Mantenerte en el amor en esos momentos puede ser un desafío incluso para las personas más entrenadas. Si has maltratado a alguien, entonces tú también has sufrido el maltrato. No hay separación entre lo externo y tú. Sentirás los efectos de tus actos en tus propios tejidos. No estamos separados.

Lo mejor que puedes hacer para reparar esto es intentar, en la medida de lo posible, estar contigo mismo. Con el dolor expuesto, sin desconectar de él o insensibilizarte con la televisión o con alguna sustancia. En lugar de hacer eso, trata de vender tu corazón herido con ternura. Date un baño de inmersión. Quédate quieto. Encuentra la calma. Invita a cada sentimiento de vergüenza a estar junto a ti.

Puedes empujar al dolor más profundamente e introducirlo en los compartimentos de tu mundo interior, pero no puedes escapar de él. Quizás encuentres maneras de calmar el dolor, pero si no lo afrontas, continuarás sufriendo mucho después de haber hecho el daño.

Te insto a que afrontes tus actos, no más tarde, sino cuando estés más vulnerable, más cerca de la superficie. Así es como logras ser libre. Esto significa quitar las barreras que rodean a tu corazón. Dejar que tus sentimientos hablen fuerte y claro, haciendo su parte para ayudar a facilitar el proceso de sanación. Cuanto más cerca estés de la experiencia dolorosa, mejor podrás oír todo.

Aunque a menudo este lugar no nos gusta por su intensidad, la inteligencia de tu cuerpo está intentando iniciar el proceso de llevarte hacia tu yo amoroso.

Después de una pelea o un desencuentro, cuando estás más sensible, estás también más en contacto con tu inteligencia emocional. Si lo permites, ésta se expresará de una forma natural. Dale un nombre a cada puñalada de remordimiento y vergüenza y los liberará.

Deja que el remordimiento, el odio, la ira, el disgusto, la desesperanza, el miedo... etc., etc. salgan de ti. Deja que tu cuerpo haga lo que sabe hacer; deja que cree un espacio reconfortante para tu sanación. Luego, una vez vaciado, báñate, siéntate y espera. Cuando algo ha causado devastación en nosotros, el alivio no es instantáneo. Abrázate suavemente. Haz cosas reconfortantes. Descansa. Duerme si crees que lo necesitas.

Ahí, en el espacio sagrado que creaste a tu alrededor, algo hermoso empieza a despertar. Sin mucho esfuerzo de tu parte, tu organismo comienza a introducir lentamente sanación en tu dolor. Te has purgado y te has abierto con sinceridad, has dejado que la mente haga lo suyo y ahora la gracia hará el resto. El recuerdo y el dolor se suavizarán; las cosas mejorarán. El amor llenará las partes vacías. Has dado los pasos necesarios para liberarte del sufrimiento prolongado. Es posible que la libertad no llegue en un instante, para ti o para las otras personas involucradas, pero llegará.

Éste es un proceso de avanzar hacia el amor, un proceso de no perdernos a nosotros mismos sólo porque causamos dolor o experimentamos un fallo momentáneo de nuestro mejor juicio, de nuestra naturaleza amorosa.

Dicen que dominar una técnica lleva diez mil horas o más. Con cada hora que nos abrazamos a nosotros mismos y a nuestra sanación como algo sagrado, nos acercamos más a la maestría del amor. Qué podría ser más valioso que elegir retarnos continuamente a amar más y más y más. No hay nada más valioso de ver que una persona que se esfuerza por convertir su sufrimiento en libertad.

Cuanto más fuerte es el esfuerzo, más grande es la comprensión al final. Cuanto más doloroso sea, más gracia, compasión y sabiduría se verterán en tu corazón. Serás compensado por tus esfuerzos. El amor no deja huecos. Llenará aquello que tú lo invites a llenar.

El amor se concentrará alrededor de cada ojo, cada corazón, cada mano que toques. Una vez que empieces a elegir activamente transformarte, el amor ya no estará oculto para ti. Simplemente abriéndote con sinceridad, regresarás a la plenitud.

PRÁCTICA   Una plegaria para el crecimiento

Ahora, cierra los ojos, suelta la mandíbula y deja que caiga. Deja caer tus hombros hacia abajo, lejos de tus orejas. Nota el bienestar que sientes al ser tan suave, tan ilimitado/a, tan libre. Respira durante un rato en este lugar vulnerable pero tan revitalizante.

Tómate un momento para dejar que la palabra *amor* llene el centro de tu corazón, pase a través de tu pecho, descienda por tus brazos y tus piernas, y salga por la coronilla de tu cabeza. Deja que esparza sus dones por todo tu ser y hasta el interior de tus células. Dale las gracias. Aprécialo. Pide más.

Ésta es una plegaria para ti mientras aprendes a permanecer con todo lo que llega a tu conocimiento, a permanecer con los muchos maestros y lecciones incómodas:

Querido y tierno corazón, espero que encuentres refugio en este momento de todo lo que se siente difícil y cansado dentro de tu mente. Que te relajes en el don que tú eres.

Espero que permitas que tu corazón tome la delantera.
Que dejes de elegir cerrarte. Que permanezcas en tu vulnerabilidad. Que recuerdes que estás aquí en este lugar, con todo lo que encuentres, para experimentar el amor y sus muchas caras. Que hagas más profunda tu conexión con los que están delante de ti.

Espero que vuelvas a alinearte con tu intención, con los motivos por los que estás en una relación. Que te niegues a permitir que tu miedo al dolor haga que dejes de elegir el amor o te distancies de lo que más anhelas.

Querido y tierno corazón, estás creciendo. Sé amable con tu corazón y con los corazones de tus seres queridos. No alimentes el enojo creando separación entre las almas y el espíritu y tú. Trágate la injusticia que percibes y haz una pequeña ofrenda de amor, en lugar de la tensión. Revela una pequeña vulnerabilidad y observa cómo el amor llega para encontrarse contigo.

Exhala y descansa. Ten en cuenta que el mayor poder reside en eso que llamas lugares tensos, incómodos. En lugar de eso, elige llamarlos lugares donde el amor se abre a un nuevo nivel de belleza.

No te cierres. Estás eligiendo el crecimiento en lugar del estancamiento, el amor en lugar del sufrimiento. Estás haciendo un esfuerzo de alinearte con lo que más deseas. Sin importar cuál sea el desenlace, si consigues lo que estás buscando o no, siente el calor y la sinceridad de tus actos. Debes saber que estás tratando de ser más íntegro en tu corazón y en tu ser. En cada momento, permite que eso sea suficiente.

Descansa con tu corazón fuera de su jaula, con los nervios abiertos al aire, a la luz y a la presencia sanadora de la vida. No vuelvas a encerrarte o a encerrar a tu corazón, porque ésa es la manera más segura de endurecer el alma, la cual te fue dada para ser tierna.

22

El despertar: un poema sobre la visión centrada en el corazón

A mi amante, mi marido, mi esposa, mi hijo, mi hija, mi amiga más querida, mi amigo más querido, mi mentor, mi mentora. Al extraño que veo pasar en la calle, a la mirada amable que se encuentra con la mía, a la suave respiración compartida en un abrazo. Al oído que escuchó y consideró que mis palabras eran valiosas. A los que me acompañan en esta vida.

A la vida que sale con el sol, que abre mis ojos, que inunda mi cuerpo con vitalidad y vigor. Al amor que se derrama desde la luz, al amor que cae de las costuras en mi ropa, a la abundancia que llena la copa del agua limpia que bebo.

A los enfrentamientos, a las guerras, a las violentas tormentas que se desatan en mi interior y a mi alrededor, a los que vienen para ayudarme a mostrar lo que duele para que pueda ser sanado. A las personas que están en este viaje de sanación conmigo, que no me dejan que siga siendo pequeña, sino que hacen que de la herida que nos une surja el crecimiento.

Al recuerdo de quién soy. A los destellos de mi belleza informe, a mi yo sin historia. Al hecho de recordar y luego volver a olvidar. Al ciclo y el círculo y la danza con la esencia y todo lo que no es. Al latido de mi humanidad, a la ternura de aprender a caminar sin tener una mano de la cual agarrarme. A este apacible e increíble viaje en el que todos estamos.

Al hecho de liberarnos de nuestra alegría y felicidad dolorosas y condicionales para poder empezar a amar a alguien sin necesitar nada a cambio. A tu entrega a los fuegos que llegan para quemar tus muros limitantes y convertirlos en cenizas. Al hecho de regresar al hogar y volver a partir y regresar otra vez.

Al miedo que se encuentra en mi puño cerrado, en mis hombros doloridos, en mi respiración superficial, en mi nudo en el estómago. Al miedo que se apodera de los hogares de los lugares dentro de mí que no están alineados con mi yo central. Al miedo que está ahí para hacer que me acuerde continuamente de los momentos en los que debo abrir los ojos. Los lugares dentro de mí que necesitan amar, los lugares que han hecho que olvidara quién era antes de que aprendiera a cerrarme ante todas las cosas.

A las noches oscuras, al alivio de la luna. A la suave tierra que se acomoda a la forma de mi pie. A los grillos y los pájaros que cantan creando armonía en el mundo. A las flores que desean estar en el alféizar de mi ventana, a los árboles que crecen para recibir más luz solar. A la hierba que se mece y me calma. A las telarañas que la araña teje durante la noche y luego se rompen en el día. A la vida que palpita con exaltación bajo mis pies cada día en el que estoy viva. Al portal que nos ofrece llevarnos al recuerdo de nuestra plenitud. A nuestra fuente de amor incondicional.

A la belleza que se produce al tirar piedras al fondo de un pozo. A la rendición que llega cuando me han exprimido hasta la última gota. A la abrumadora libertad que vive detrás de todo lo que llevo diligentemente. A la riqueza que espera a que la contemple.

Al regalo de dejar ir. Al estiramiento de las palmas. Al acto de dejar caer los brazos. A los milagros que nacen cuando no hacemos nada, excepto existir. Al amor no reclamado hacia el que todos nos dirigimos torpemente. Al tirón gravitacional que nos atrae constantemente hacia el centro, incluso cuando estamos gritando en la otra dirección. Al constante descubrimiento de quienes somos realmente. Al crecer y el menguar, el gemir y el rugir. A los descubrimientos que resplandecen. A nuestra valentía, nuestra fortaleza y nuestro aprendizaje constante.

A nuestro yo valeroso y hermoso. A la pureza de quienes somos, la poderosa fuerza que somos al nacer. Al vulnerable y grandioso corazón que llevamos en el pecho. Al mundo de asombro envuelto en cada alma.

A la vida simple, sencilla y normal que vivo: me gustaría decir gracias. Me gustaría compartir mi gratitud, mi amor y mi aprecio más sinceros.

A la vida simple, sencilla y normal que vivo: me gustaría dar las gracias de la forma más sincera por toda esta gloria que espera a que vuelva mi mirada hacia ella. Te doy las gracias. Te quiero. Te doy las gracias.

Cierra los ojos. Que estos reconocimientos estén a lo largo del día cerca de ti durante los altibajos de tu jornada. Permite que esto te ancle en el amor que es tuyo, que te está esperando y que llena todo tu ser.

Recuerda que todo es un regalo: un regalo estridente, revoltoso y asombroso que está ahí para que lo disfrutes. No hay nada que sea correcto o incorrecto, bueno o malo, o que tenga que ser de una manera. Esto es lo que hay. Una historia de amor ferviente. Una historia sobre cómo aprendiste a descubrir la inmensa belleza que vive dentro de ti.

Respira. Toca tu corazón. Inspira y espira profundamente. Ve a la gran peregrinación de tu vida y ofrece tu agradecimiento más sincero por todo lo que existe, por toda la gloria que espera a que pongas tu atención en ella.

23

Permanece despierto
ante el mundo

La vida llega así, en oleadas de gran alegría y gran desaliento. Llegará en largos períodos de bienestar y de malestar. Pero en el centro de tu ser hay una presencia sólida que permanece inalterada, que es neutral y no permite que los días buenos o los días malos de tu vida la alteren. Es un santuario de la cambiante corriente de la «realidad».

Al final, lo único realmente importante es cuánta paz tuviste, cuánta paz encontraste dentro de ti. Esa paz te sostendrá a lo largo de tu vida, sin importar los halagos, las críticas o la forma que adopte el mundo delante de ti.

Entonces, mantente despierto ante el mundo y ante tu propio ser. Observa y luego actúa de acuerdo con lo que tu espíritu vea, con tu conocimiento profundo. Practica el crecimiento y la evolución de una forma consciente. Despierta en medio de esa muchedumbre de corazones dormidos y yérguete como una resplandeciente luz de fuego para ayudar a hacer arder y desaparecer a la oscuridad.

No detengas nunca el impulso de la sanación, dándoles la vuelta a tus heridas y tus dificultades hasta que los bordes irregulares de la piedra se vuelvan lisos. Recuerda que el vidrio (una superficie lisa a través de la cual podemos ver con claridad) empieza siendo un grano de arena proveniente de una roca osada, impenetrable y poderosa que con el tiempo se fue triturando hasta convertirse en unas pequeñas y suaves piedrecitas.

Sí, la vida tiene sus incertidumbres, pero no es necesario que sigas sintiéndote atraído por las voces frenéticas que claman por una tierra que todavía tienen que encontrar dentro de sí mismas.

No importa cuál sea la situación, la verdad encontrará una manera de expresarse. Escucha, quédate en silencio. En el fondo de tu corazón, ya sabes esto: tienes el poder de rendirte a la suave corriente de la vida.

Estás aquí para amar, para confiar, para tener el dominio de tu ser. Para estar en el cuerpo, para aprender a amar sin condiciones. Para aprender lo que se siente al abrazar. Para elegir siempre cosas que quiten el camuflaje que cubre tu corazón.

No vivirás la vida plenamente hasta que hayas logrado que tu corazón salga de su escondite.

UNA CARTA DEL UNIVERSO

Estamos en un constante estado de crecimiento. Nuestro despertar y nuestra iluminación llegan gradualmente y de acuerdo con lo que aceptemos enfrentarnos en lugar de darle la espalda. Cuanto más dispuestos estemos a entablar una conversación con cualquier cosa a la que nos enfrentemos a diario, más despiertos estaremos. Y cuando abordamos gradualmente tanto lo grande como lo pequeño, estamos cada vez más centrados en el corazón. Llegar a ese lugar que anhelamos no se consigue simplemente estando en silencio o en contemplación; se consigue invitando conscientemente a la paz y la aceptación de todos.

Con cada nuevo despertar, tomamos consciencia. Y después se nos pide que afrontemos una nueva situación que nos traerá lecciones que aún nos quedan por aprender. En otras palabras, su aparición es constante y hermosa, y está desplegándose siempre. Para que éste sea un pensamiento liberador y no un pensamiento que nos desanime, debemos aceptar los constantes cambios y descubrimientos con un corazón inquisitivo y alentador.

Siempre estamos aprendiendo y siempre buscando descubrimientos del corazón. El hecho de ceder a la inevitabilidad del cambio no sólo nos proporciona la fuerza que necesitamos cuando se nos desafía, sino también la fuerza que necesitamos para salir de la comodidad y entrar en lo desconocido y lo inexplorado. Es ahí donde podemos buscar más conciencia en nuestro viaje, donde podemos descubrir niveles cada vez más profundos de nuestro verdadero ser.

Si nos quedamos ahí, en cualquier posición a la que hayamos llegado en nuestra vida, sólo experimentamos una fracción del amor que está a nuestro alcance. La vida, para mí, es ser desafiados a elegir más amor para nosotros mismos. Es que te pidan una y otra vez que nazcas a un amor mayor. Con cada nuevo rincón que descubrimos y cada nueva frontera que cruzamos, podemos expandirnos hacia nuevas dimensiones de deleite. Esto significa entrar en la incomodidad de nuestra resistencia una y otra vez, cosechando cada vez más de lo que verdaderamente somos, física y espiritualmente.

Con cada umbral alcanzado, podemos empujar más hacia lo desconocido para experimentar crecimiento y para abrir una capacidad aun mayor de sentir nuestra naturaleza intrínseca. Si encarnamos nuestra sabiduría y nos convertimos en personas centradas en el corazón, obtendremos las recompensas de nuestros esfuerzos. El amor nos asombrará y nos llenará.

Cuando hayas metabolizado el contenido de este libro, probablemente empezarás a dejar atrás los conceptos. Cuando vemos los problemas ocultos en nuestro cuerpo y en nuestra mente con los ojos del corazón, disolvemos nuestro apego a esos aspectos de nuestro ser y somos libres para vivir sin la carga del sufrimiento. Somos libres de descansar siendo amor.

Lo que está escrito en estas páginas no es nada nuevo. Éstos son algunos de los pensamientos y las ideas que escribieron los primeros poetas y sabios. En lo más profundo de nuestro cuerpo y nuestro corazón, vive un lenguaje universal de amor y bondad que no nos abandonará. Nada es tan oscuro como parece, porque en algún lugar dentro de cada uno de nosotros hay un corazón que nos está llamando para que regresemos a nuestro hogar. Todos sabemos esto, pero continuamos pasando por períodos cíclicos de oscuridad y luego somos salvados, una vez más, por un rayito de luz y de esperanza que surge aparentemente de la nada.

Puedes poner sobre tu corazón capas de miedo, odio y enfermedad, y comportamientos y pensamientos carentes de armonía. Puedes hacerlo. Tú eliges. Pero, por favor, si el amor llama a tu puerta cerrada, si un rayo de luz dorada danza en el frío suelo delante de ti, si algo se rompe y se agrieta y te deja vacío, por favor, trata de escuchar. Permítete, por un momento, abrirte al misterio del amor; deja que llegue completamente y te alimente. Deja caer las defensas y recibe sustento. Deja que la gracia responda, calme y sorprenda a tu corazón hambriento en tu puerta.

PRÁCTICA La promesa del corazón

Aquí, ahora, en este momento, mientras lees estas palabras, acepta estar contigo, con tu vida, y firmar un nuevo contrato con tu corazón. Eres demasiado inteligente para no elegir el amor. Eres demasiado inteligente para seguir pensando que otra persona es responsable por tu vida.

Cierra los ojos, respirando hacia la constelación en movimiento de tu cuerpo. En medio del movimiento, encuentra a tu corazón no afectado y a tu presencia. Coloca tus dos manos sobre tu corazón. Dite a ti mismo/a:

Ahora puedo oírte.

Ahora puedo sentirte.

Ahora puedo ser tú.

Ahora te elegiré.

Mientras haya vida en mi cuerpo, elijo que tú seas el
aliento de amor que se mueve a través de mí.

Éste es tu nuevo contrato, tu contrato de la consciencia. Éste es el contrato en el que aceptas elegirte activamente a ti mismo/a, a tu corazón, tu intensa corriente de amor y liberación. Estás eligiendo amar y cuidar de la vida que hay en ti y en el otro.

Así es como volvemos a estar en armonía en este mundo: abriendo los ojos y dejando que nuestro corazón hable y nos guíe de todas las formas en que sabe hacerlo. Así es como nos convertimos en una célula de vida y de luz sana y radiante.

Nada está fuera de ti. Tu poder comienza en el momento en que eliges convertirte en un lugar seguro en el cual todas las cosas en tu vida son bienvenidas. Ninguna guerra se librará dentro de ti o a tu alrededor, porque comprendes que si peleas, sales de tu poder y alimentas aquello que no te beneficia.

Estás destinado/a a existir en el amor y en la bondad. Todo lo demás es un oscurecimiento de tu luz. Cuando estás a salvo dentro de ti, estás a salvo aquí, en este planeta.

Puedes ayudar abrazando a tu corazón y convirtiéndote en su fiel sirviente. Observa. Espera. Mantén los ojos y el corazón abiertos a la vida, a tu gran vida maravillosa, para ir dejando lentamente de ser un brote y convertirte en un millón de flores diminutas. Ahora. Ahora. Ahora.

No puedes ignorar lo que ya sabes. Si has leído hasta aquí, estoy eternamente agradecida de estar compartiendo esta experiencia contigo. Estoy eternamente agradecida por el corazón que te ha guiado a estas páginas. Estoy eternamente agradecida por el pasadizo que estamos recorriendo juntos. Espero encontrarme algún día con tu gloriosa frecuencia y tu luz.

Me inclino ante ti, gran guerrero/a del amor centrado/a en el corazón. Me inclino ante ti.

Agradecimientos

Amor y agradecimiento a mis guías en el proceso centrado en el corazón: Clarissa Pinkola Estés, Natalie Goldberg, John O'Donohue, Terry Tempest Williams, Hafiz, Rumi y Mary Oliver. A todos los profetas, poetas y músicos que me han llevado sobre sus espaldas hacia la luz.

A mi editora, Caroline Pincus, cuya mano amable y apoyo tranquilizador me mantuvieron estable y siempre me hicieron sentir que era vista y escuchada. Al equipo de Sounds True, que confió en mí lo suficiente como para ayudarme a traer mi obra al mundo.

A mi hijo mayor, Leo, quien abrió de par en par la puerta de mi corazón. A mi hijo menor, Hugo, que derrama luz. A mi madre, Julie Walsh, por su espíritu afín, y por su amor y orientación inquebrantables. A mi padre, Normand Blondin, por sus sabias manos y corazón, y su don de escuchar profundamente. A mis hermanos David y Stephen: a David por sus consejos intuitivos y compasivos, y sus ánimos; y a Stephen por su luz natural y su generosidad de espíritu.

A mi marido, Derrick Cooke, sin quien este libro no sería un libro. Gracias por tu amor desinteresado, tu arraigada raíz y tu sombra. Gracias por amarme todos los días.

Por el amor incondicional de mi ángel en la tierra, Bree Melanson. Tú me animaste a salir de mi escondite y dejarme ver. Me quitaste tanto peso de los hombros. Gracias.

A mis amigos y alumnos, quienes están realizando la valiente tarea de volver al hogar de sí mismos. A quienes compartieron conmigo sus historias de la apertura de su corazón: algunas de ellas las comparto en este libro y otras me inspiraron e informaron mientras lo escribía. Un gran agradecimiento a todas las personas que están haciendo el trabajo conmigo.

A cualquiera que esté pasando por la experiencia de reclamar y transformar el corazón. Espero que encuentres el valor y la fuerza para continuar soltando. Por encima de todo, espero que confíes en la luz; en tu luz.

Acerca de la autora

Sarah Blondin es artista y escritora, y tiene un *podcast* llamado *Live Awake*. Es una de las principales maestras en la popular aplicación de meditación *Insight Timer*, donde sus meditaciones son reproducidas constantemente y han sido traducidas a varios idiomas. Sus meditaciones son practicadas por personas del mundo entero y son utilizadas en prisiones, centros de recuperación y programas de bienestar.

Sara vive en Salmon Arm, Columbia Británica, con su marido y sus dos hijos.

Más información en www.sarahblondin.com

Índice

¿Te enamoras perdidamente, pero temes los momentos de intimidad? ¿Estás harta de que te digan que eres «demasiado sensible»? ¿Te esfuerzas por respetar a tu pareja, que es menos sensible que tú? ¿O te has dado por vencido en el amor, por miedo a ser demasiado tímido o demasiado sensible para soportar las heridas?

Las estadísticas indican que el 50 % de los factores que determinan un divorcio proceden del temperamento genético; y, si tú eres una de esas personas que componen el 20 % de la humanidad que nació con una alta sensibilidad, entonces el riesgo de una relación problemática es especialmente elevado. Tu sistema nervioso, extraordinariamente afinado, capaz de captar aspectos muy sutiles y de tratar la información en profundidad, constituiría una magnífica ventaja para cualquier compromiso romántico, siempre y cuando tú y tu pareja os comprendierais mejor. Pero, sin esa comprensión, es probable que tu sensibilidad te lleve a unas relaciones íntimas dolorosas y complicadas.

Basado en las importantes investigaciones de Elaine N. Aron sobre el temperamento y las relaciones íntimas, *El don de la sensibilidad… en el amor* ofrece multitud de orientaciones prácticas para las personas altamente sensibles que buscan una relación más satisfactoria, más saludable y más romántica.